高齢者と障害者のための
読み書き支援

「見る資料」が利用できない人への

社会福祉法人　日本盲人社会福祉施設協議会　情報サービス部会

～発刊によせて～
知る権利を保障するために生かそう

社会福祉法人　日本盲人社会福祉施設協議会
理事長　高橋秀治

　日本の障害者福祉は大きな曲がり角にあると言われる。2006年12月、第61回国連総会で採択された障害者の権利条約は、2008年には効力を発生している。わが日本では曲折を経て批准にこぎ着ける寸前である。この条約がこれまでの障害者関係の公的な文書と違うところは、①障害を理由とする差別を禁止する、②障害者は保護される存在ではなく権利を持つ社会の主人公である、③障害の有無によって分け隔てられることのない共生社会をつくる、などをその目標として掲げ、その具体的な方法を明確に打ち出していることである。長い障害者運動のひとつの到達点であろう。

　これを機会に私たちは、共生社会とは何か、自分の障害をそのまま受け入れて、ごく普通の生活を維持するとは何かを、正面から実現する立場にあると確認したい。

　しかし、視覚障害者にとって自分の目の前にある情報を着実にとらえ、自分のものにして行くのは容易ではない。パソコンや電子機器を使っても、なお身近にとらえられない情報がたくさんある。知る権利を自由に発揮できない状態だ。

　特に「読み」「書き」情報の扱い方はその最たるものだ。まず「読み」情報は多面的である。役所からの通知、催し物の案内、病院での診断書や薬の種類とその効用など。また機器や道具類を購入

すればその取扱説明書を読む必要がある。これを代読してくれる支援者が必要だ。現状は、知る権利の充実にはほど遠い。

「書き」はどうか。私たちは仕事のほかに個人的な用向きのために、何かにつけて自署（サイン）を求められる。定期を買ったり旅行をしたりする時も必ず申込書に書き込まなければならない。銀行の預貯金の出し入れも額が多くなれば書き込みとなる。これらを「代筆」してくれる人が必要である。すみやかに目の代わりをしてくれる体制がほしいのだ。

そして代読や代筆にかかわる人は、プライバシー尊重の精神の上に、書き方・読み方が明確で正確な表現技術を持つことが前提になる。大きな責任が伴う。本書は、視覚障害の情報事情に通じた筆者たちが、新時代の情報提供を間違いなくはたすにはどこを押さえるかについて詳細に記述している。今後ともこの情報支援体制がどう展開されていくのか、日本盲人社会福祉施設協議会として深い関心を持って見守りたい。

障害者の権利条約が求める「社会が障害者の人権尊重を維持し、さらに障害者の物理的困難を克服するために行う"合理的配慮"」とは、実は（代読・代筆）と同じような制度の創設と実践であると確信している。

目　次

発刊によせて ………………………………………………………… 2

第1章　読み書き支援の対象者 ……………………… 9

1-1　「読み書き支援の必要な人」とは？ ……………… 10

「見て情報を得られない」人たちとは？／さまざまな障害者／高齢者／
外観で分かるか？

1-2　見えない人・見えにくい人（視覚障害者）………… 12

見えない・ほとんど見えない方々〈全盲〉／見えにくい人たち
〈ロービジョン、弱視者〉／取り残されている中高年からの視覚障害者

1-3　読み書き支援を必要としているさまざまな人たち … 18

ディスレクシアなどの障害者／その他の読み書きに困難をもつ人たち

東日本大震災が明らかにした「取り残された」多数の中途視覚障害者 … 26

第2章　読みの支援と必要な技術 ……………… 27

2-1　何を読むのか ……………………………………… 28

読む必要のあるさまざまな資料／「資料を読む」支援と対応

2-2　読み方のパターン ………………………………… 30

対面朗読的に読む／必要な情報を読み手が選んで読む場合／
支援しながら読む

2-3　どこで読むのか …………………………………… 32

定まった場所での読み書き支援／在宅支援としての読み書き支援／
各地で読み書き支援を実施するために

2-4　読み方とその技術 ……………………………… 36

「読み書き」のニーズをどのようにつかむか？／伝わりやすい読み方／
読み書きのアクセントや配慮／読み方の技術

2-5　利用者に合わせる読みの専門性 ………………… 46

利用者の状況を把握する／情報を選択する技能の専門性／
相手に合わせて読み伝える専門性／記憶できる情報／よりそう読み方

第3章　書き（代筆）および支援に必要な知識 …53

3-1　何を代筆するのか ……………………………… 54

「代わりに書く」必要のあるもの／手紙などの代筆／メモの作成／
法的責任のある代筆／業務としての代筆

3-2　「書き」（代筆）の方法と技術 …………………… 58

正確な文字を楷書体で書く／重要な法的責任を有する代筆の扱い／
「書き（代筆）」の手順

3-3　「署名・押印」について ………………………… 62

必要となる「署名・押印」／サインと自署は同じか／
見えなくても「サインも押印もできる！」／「サイン」への手順

3-4　読み書きと守秘義務 …………………………… 66

守秘義務違反の処罰は重い／ついうっかりが取り返しのつかないことに／
情報の取り扱いには細心の注意を払う／代筆支援終了後も注意する

3-5　メモの書き方・点字の概要 …………………… 70

音声を録音する／大きな文字で書く／点字によるメモ／
漢字や点字の仮名振り

第4章　読み書きの支援者と多様な支援 …………83

4－1　図書館などでの読み書き支援者 ……………………84
対面朗読や宅配の中で行われる読み書き支援の実際／読み書き支援にかかわるある事例

4－2　在宅訪問での読み書き支援者 …………………………90
在宅情報支援をだれが担うのか／情報支援が保障されない中でのボランティア／音訳ボランティアが在宅の読み書き支援者になれるか／地域の在宅読み書き支援を推し進めるために

4－3　同行援護・意思疎通支援事業における読み書き支援者 ‥94
同行援護とは／同行援護のサービス内容／同行援護時の代読・代筆

4－4　介護職員等の読み書き支援者 …………………… 104
入所・通所施設職員等の読み書き支援／同行援護従業者養成講習会の活用／入所・通所施設内における代読・代筆の内容／介護職員の役割／移動時の読み書き支援／さまざまな施設における読み書き支援の位置づけ／あらゆる場面での情報支援を

4－5　行政・医療・金融機関等での読み書き対応 ……… 112
行政窓口での対応／医療現場での対応／医療現場における同意書問題にかかわる視覚障害者の要求／金融機関での読み書き対応／銀行などでの読み書きサービスの広がり

4－6　幅広い読み書き支援と研修の必要性 ……………… 124
研修カリキュラム／各分野で必要な読み書きの専門性と研修の必要性

第5章 【資料】支援事業を行うための参考資料 …… 129

資-1 視覚障害者情報提供の歴史と読書権および今日的課題 … 130

視覚障害者情報提供の歴史／読書権の広がりと今日的課題／
読み書き支援を広げよう～やさしい情報社会に

資-2 著作権法改正と読み書き支援の今後 …………………… 136

改正前の著作権法の問題点／2009年法改正の概要／
著作権改正と読み書き支援の今後

資-3 技術の進歩とIT機器の活用 ……………………………… 142

拡大読書器／音声読書器／点字ディスプレイ、点字電子手帳／
デイジー（DAISY）図書再生機／視覚障害者情報総合ネットワーク
「サピエ」／パソコンの利用／タブレット、スマートフォン

資-4 事例1 京都ライトハウスの読み書き支援 ……………… 150

「読み書きサービス」の概要／「読み書きサービス」の内容／
「読み書きサービス」の担い手

資-5 事例2 函館の読み書き支援 ………………………………… 154

資-6 事例3 三鷹市の読み書き支援 ……………………………… 158

参　考　資　料 …………………………………………………… 162
あ　と　が　き …………………………………………………… 168
執　筆　者　紹　介 ……………………………………………… 170
索　　　　引 ……………………………………………………… 172

この本に登場して、おしゃべりしている人たち

私は幼少期から目が見えません。
点字の読み書きは得意ですよ。

私は年を取ってから、見えなくなりました。
なれなくて、とても困っています。

私は年を取ってからどうも読みにくくなってね。
困っています。

仕事で、読み書き支援の必要な部署にいます。
がんばるぞ。

読み書き支援をここ何年かやってきています。
負けないわ。

読み書き支援のベテランですが、
毎日がまだまだ勉強です。

ニャー

高齢者と障害者のための
読み書き支援

読み書き支援の対象者

1-1
「読み書き支援の必要な人」とは？

ア．「見て情報を得られない」人たちとは？

　一般社会は、「見る情報の授受によって成り立っている」と言ってよいほど、目から得る資料であふれている。それらの情報を十分に得られないことによって、日常生活に何らかの支障を来している人たちは非常に多い。そのような人々は視覚障害者にとどまらず、広範囲に及んでいる。このような、読み書き支援を必要とする人たちは、「通常の文書を見ても、必要な情報を得られない人、得にくい人」であり、顕在化している人を含めると１千万人以上とも言われている。なお、介助者・支援者などがいても、読み書きが補われているとは限らないことも留意しなければならない。

イ．さまざまな障害者

　視覚障害者、聴覚障害者、高次脳機能障害者、内部障害者、知的障害者、精神障害者、発達障害者、ディスレクシアなどのほか、資料を手に持ったりページをめくったりできない上肢障害者やまひのある方など、多様である。さらには、自分の障害を受け止めることがなかなかできない方や、支援が必要であることを自分では言うことができない方、どのような支援があるのか知らない方などが多数おり、さまざまな配慮が必要である。

ウ．高齢者

　少子高齢化や医学の進歩などで増えている高齢者については、情報を受け取り判断して処理するさまざまな機能が低下し、しかもそれらが複合して、情報を入手する力が徐々に失われていく。さらに、覚える力も衰えていく。程度の差は大きいが、情報障害に陥っている方々は相当な数になる。しかし、多くが情報不足のままになっている。

エ．外観で分かるか？

　それらの方々の多くは外観ではほとんど分からず、一見通常の人たちと同じように見えていても、実際の生活に相当な支障を来していることが多い。

　白杖（はくじょう）の所持や車いす使用など、見てすぐ分かる障害者もいるが、圧倒的多数の高齢者や障害者は、外観では分からない。

　と言っても、「あなたは障害をお持ちですか？」などと尋ねることは本人の気分を害することにもなるので、「何かお困りですか？」などさりげない問いかけによって、どのようなことで困っているのかをしっかりと把握していくことが望まれる。

「読み書きサービス」の最初は？

「年賀状書きの代筆」などは昔からありましたが、「読み書きサービス」という名称で対面朗読とは別に始めたのは、京都ライトハウス点字図書館が最初で、1990年9月からでした。（150ページ参照）

1-2
見えない人・見えにくい人
（視覚障害者）

　私たちをとりまく情報の大部分は、「見る」ことが中心となっているため、「読み書き」が必要なのは、まず視覚障害者である。

　本や雑誌などは、多くのボランティアの活躍で点訳や音訳が行われ、情報ネットワーク「サピエ」や、図書館等の対面朗読もある。しかし、膨大な資料からすればほんの少しにすぎず、日常生活に必要な情報への対応まではなかなか行えてはいない。

ア．見えない・ほとんど見えない方々 ＜全盲＞

　「見えない」と言ってもさまざまである。「全盲＝光も何も感じないまっくらやみの人」だけではない。次ページに障害者手帳の視覚障害等級を示す。最も重度の１級には、視覚がまったく失われた人だけでなく、明暗などが分かる「光覚」、目の前の大きな動きや指の数が分かる「眼前手動」や「眼前指数」、そして、矯正視力0.01までの人が含まれている。また、「重度視覚障害者」とされている１，２級までを「全盲」としている場合は、両眼の矯正視力の和が0.04までの人が含まれることになる。

　厚生労働省の近年の実態調査では、視覚障害者はほぼ30万人で、そのうち１級10万人、２級８万人程度で、実際には視力などで該当しながら手帳を持っていない人が相当数存在する。

なお、「まったく見えない」と言っても、「暗黒」と言うわけではなく、「さまざまな明暗やぎらぎら光る部分が動いている」などと語る全盲者も少なくない。

＊ 身体障害者手帳の視覚障害等級

		視　力（矯正視力）	視　野
重度	1級	両眼視力和　0.01以下	―
	2級	両眼視力和　0.02以上 　　　　　　0.04以下	視野一眼10度以内 他眼10度以内 視能率損失率95％以上
	3級	両眼視力和　0.05以上 　　　　　　0.08以下	視野一眼10度以内 他眼10度以内 視能率損失率90％以上
軽度	4級	両眼視力和　0.09以上 　　　　　　0.12以下	視野一眼10度以内 他眼10度以内
	5級	両眼視力和　0.13以上 　　　　　　0.2　以下	両眼視野の 2分の1以上欠損
	6級	両眼視力和　0.2　超え 一眼視力　0.02以下 他眼視力　0.6　以下	―

（障害が複合した場合、各障害より重度の等級とすることがある。）

イ．見えにくい人たち ＜ロービジョン、弱視者＞

　目の不自由な人、というと、まったく見えないと思われてしまいがちだが、実際には、さまざまな「見えにくい人たち」がかなり多く存在し、「ロービジョン」または「弱視」と呼ばれている。その見え方は個々で大きく異なり、「弱視者が百人いれば百通りの見え方がある」と言われるほどで、「生活に何らかの支障のある人たち」はおよそ200万人はいると言われている。

① 視力の弱い人たち

　一般社会では、眼鏡やコンタクトレンズで通常の視力まで矯正できる、近視や遠視そして老眼の人が、国民の半数近くにもなってきている。そのために、「どんな眼鏡をかけても、通常の視力にはならない」低視力の人たちへの理解が乏しい面がある。
　眼鏡やコンタクトレンズで矯正しても視力の出ない人たちを厚生労働省では、前ページの視覚障害等級3～6級のように区分している。なお、労働災害による障害については14等級に区分されており、特別支援教育の区分もこの表とは異なる。

② 視野障害

　見える範囲が大きく制限されて生活に支障を来している視野欠損の人も多い。特に、文字を読むのに重要な、網膜の中心部の欠損（中心視野欠損）は、文字などの情報入手が著しく制限され、大きな影響を受ける。それに対して、周囲の視野が欠ける周辺視野欠損では、すぐ横にいる人や横から迫ってくる車にまったく気づかなかったり、足元が見えず階段を下りられなかったり、生活

に大きく影響する。また、虫食いのようにあちこちの視野が欠損している人も多い。

③ 夜盲と羞明（しゅうめい）

　暗くなると見えにくくなる夜盲の人は、仕事をやめて必ず夕方までに帰宅したり、昼間でも暗い室内には入れなかったりなど、生活に大きな支障を来している。

　逆に明るい日中の方がまぶしくてまわりが見えにくくなる羞明（しゅうめい）の場合は、室内であっても明るい窓際の方が見えなくなるなどさまざまな影響がある。

　なお、明るいところから暗い場所に入ったり明るい光を見たりすると、順応できずに何十分もほとんど全盲状態に近くなってしまう人が多く存在している。

●視野が狭かったり、中央部が見えなかったりすると…●

廊下で上司に会ったのに知らん顔して通り過ぎた！

足元にいたのに気づかずわが子をけとばした！

近くにいる人の手足は見えるのに顔が分からない！

周囲はよく見えて買い物に行けるのに値段が見えない！

ウ．取り残されている中高年からの視覚障害者

　医学が進歩し少子高齢化が進む中で、「普通に見えていたのに、50歳ころから急に見えにくくなってきた」というような、中高年になってから視覚障害になる人たちが増えてきている。

① 小さいときからの視覚障害

　人間が周囲を把握し判断する能力は、出生直後からの周囲に対する学習により急速に進む。晴眼幼児の場合は、分解能が高く無接触ですばやく情報が得られる「視覚による学習」が中心になる。
　それに対して、視覚障害幼児は「聴覚などによる学習」が中心となる。聴覚がすぐれているので「目が見えない人は勘がよい」と言われることもある。なお、幼児期には弱視で10歳前後から見えなくなるような場合も、この中に含めて扱われることが多い。

② 10歳台以降からの視覚障害

　視覚に障害がなければ、周囲把握に優れた視覚機能への依存が急速に高まり、聴覚などは補完的な役割となる。そのために、視力低下時期が、中学、高校と年齢を経てからになればなるほど、視覚障害になったときに聴覚等に頼る生活には順応しにくくなる。さらに成人になってからの視覚障害の場合は個人差が非常に大きいが、「視覚障害を受け入れる」ことにも相当な年数が必要となる。

③ 中高年になってからの視覚障害

　50歳や60歳と、中高年になってから視覚障害になる人が増えているが、「もう治らない」となってから10年以上経ても障害を

受け入れることができない人が多数存在する。それらの方々への心のケアの必要性が指摘されているが、乏しいのが現状である。

　さらに、やっと障害を受け入れて白杖の練習を始めても、近所の人にこんな姿を見られたくないと、家の近くでは白杖を隠してしまう人も多い。そのような心理面も含めた、きめ細かな支援と配慮を考える必要がある。

④ **中高年からの視覚障害者への読み書き**

　中高年まで視覚中心の生活だった人々への読み書き支援に当たっては、小さいときからの視覚障害者には当たり前の「聞くことに集中して覚える」ということが相当困難であることを踏まえて対応する必要がある。すなわち、資料を見ずに聞くだけで情報を得ることに慣れていない人のために、伝える情報は必要最小限にしぼり、かつ記憶しやすいように読み方に配慮することが必要になる。

〜いろいろな見えない人〜

1-3
読み書き支援を必要としている さまざまな人たち

　新聞や雑誌などを読もうとしても必要な情報を得られない人、得にくい人、すなわち読み書き支援を必要とする人たち（以下、「読書障害者」という）の中には、見えない人・見えにくい人（視覚障害者）だけでなく、ほかにもさまざまな人がいる。

ア．ディスレクシアなどの障害者

　読書障害者の中で最近特に注目を集めているのが学習障害の一種であるディスレクシア (Dyslexia) に代表される、脳における情報伝達・情報処理に何らかの支障があるために、読み書きに不自由のある人たちである。ディスレクシア以外の学習障害者や自閉症者、知的障害者などもこの中に含まれるが、ここではディスレクシアの人を中心に紹介する。

　最近の脳の働きの研究によると、実は人間の脳には「読み書き」をつかさどる専門の領域というものは存在しないことが分かっている。数十万年以上と言われる人類の長い進化の歴史の中で、人類が文字を発明し、読み書きを始めたのは、およそ5千年前とあまりにも短い時間のために、脳の中に文字の読み書きをつかさどる領域が形成されていない。

このためその代替手段として、視覚野など側頭葉にある複数の領域が取得した情報を統合して読み書きの判断をしているが、その脳における情報伝達の方法、情報処理の方法が人によって異なっているのではないかと考えられている。すなわち、人間の基本的能力としての読み書き能力はまだ形成途上にある。

そしてこのような障害の代表的なものがディスレクシアと言える。ディスレクシアは難読症、識字障害、読字障害などとも呼ばれているが、知的能力および一般的な理解能力などには特段の異常がないにもかかわらず、文字の読み書きの場面において著しい困難を抱える障害のことである。

ディスレクシアにはさまざまな症例があり、例えば、平仮名の「い」と「こ」や、アルファベットの「ｂ」と「ｄ」の区別がつけにくい、漢数字と算用数字の違いが分からない、文字や単語の理解まで非常に時間がかかる、九九の一部の段だけ覚えられない、読むことはできるが書くことはできない、といった症例のほか、次ページ以降の図に紹介するような、文字の並びがゆがんで見える、文字自体が二重に見える、文字が裏返しになって鏡文字になるなど、本当にさまざまな症状がある。中には、視覚から入った情報が脳できちんと処理されないために、すべての文章を音訳しないといけないといった例もある。

次のページから読書障害と言われているディスレクシアの人たちがどんな風に見えているか紹介しますね

<ディスレクシアの人の見え方の例>

例①　文字がにじんで見える

思い出して下さい。あなたのクラスにこんな子は、いませんでしたか。黒板をノートに写し取るのに時間がかかる子。ノートのマスから文字がはみ出してしまう子。本読みがつまりつまりでしか読めない子。きっといたことと思います。彼らは、そうしたくてしていたのでしょうか。それとも、"がんばっていたのだけれどそうなっていたのでしょうか。

例②　文字が鏡文字となって見える

思い出して下さい。あなたのクラスにこんな子は、いませんでしたか。黒板をノートに写し取るのに時間がかかる子。ノートのマスから文字がはみ出してしまう子。本読みがつまりつまりでしか読めない子。きっといたことと思います。彼らは、そうしたくてしていたのでしょうか。それとも、"がんばっていたのだけれどそうなっていたのでしょうか。

1 読み書き支援の対象者

<ディスレクシアの人の見え方の例>

例③　文字がかすんで見える

見え方にも
いろいろ
あるんですね

例④　全体が点描画のように見える

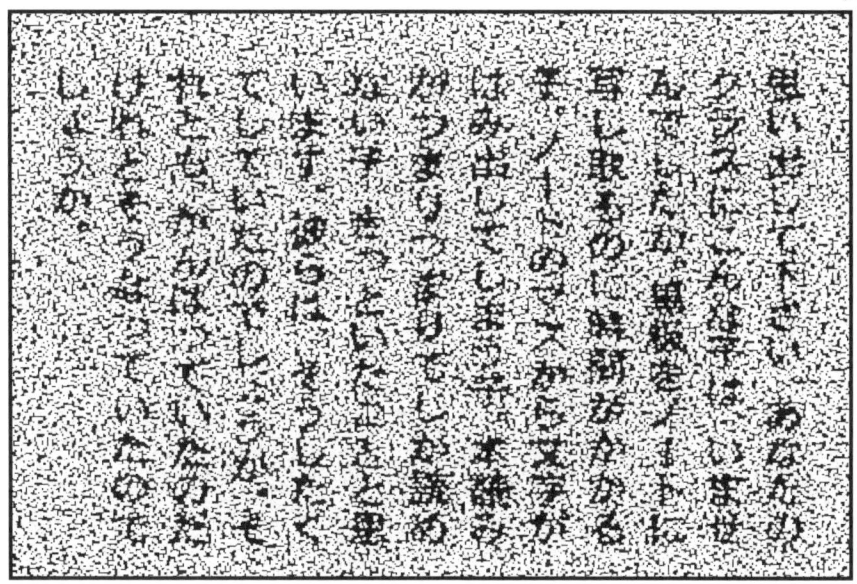

<ディスレクシアの人の見え方の例>

例5　文字がゆがんで見える

思い出して下さい。あなたのクラスにこんな子は、いませんでしたか。黒板をノートに写し取るのに時間がかかる子、出てくる字から文字がはつまりにくい子、ひとつひとつでしか本読めない子。彼らはさぼっていたのでしょうか。そうしたくてしたことでしょうか。それとも、がんばっていたのだけれどもそうなっていたのでしょうか。

みんなディスレクシア!?

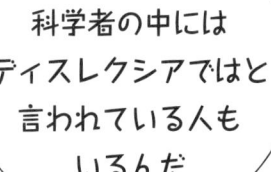

芸術家や科学者の中にはディスレクシアではと言われている人もいるんだ

レオナルド・ダ・ヴィンチ
エジソン
ピカソ
アインシュタイン
トム・クルーズ
スティーブン・スピルバーグ
岡本太郎

トム・クルーズさんやスピルバーグさんは自らディスレクシアであると告白していますね

イ．その他の読み書きに困難をもつ人たち

　さまざまな理由により、視覚障害者以外にも読み書きに不自由を持つために日常生活や社会生活の場において困っている人たちが数多く存在している。こうした人たちについても、視覚障害者と同様に気を配っていくことが求められており、読み書き支援はそのような方々にも、今後広げていく必要があると言える。

① 視覚以外の身体的障害により読み書きに困難を有する人

- 腕や手指に障害があるために手の自由が利かずページをめくることが困難な人
- 心臓に障害があるために重たい本を持てないなど、持続的な読書が困難な人
- 寝たきりの人

　など、視覚障害者以外の身体障害者の中にも該当する人がいる。

② 読み書きの学習を十分に受けられなかった人

　身体障害者以外にも、読み書きに不自由し日常生活に困難を抱えている人たちが多く存在する。

　学校などにおいて、読み書きの学習を十分に受けられなかったために読み書きに困難を有する人たちである。知的障害や病気などのために就学が困難であるとして、就学猶予、就学免除と認定される人たちが毎年数千人もいる。（84ページ参照）

　聴覚障害者の中には、耳からの情報が入らないために、十分な言語能力が習得されないままに社会生活を送っている人も少なくない。文字の獲得には目から入ってくる文字の形などの情報と耳からの入ってくる発音などの音声情報が脳の中で統合されて、初めて言語能力として確立されるが、聴覚障害者の場合には、耳からの情報が不十分なために、読み書きの面で困難を抱えている。

　さらに、盲ろう者の困難さは言うまでもない。また高齢者の中には、小・中学校は卒業したことになっていても、家業の手伝いや奉公に出されたために満足に学校に通わせてもらえず、読み書きができないままに今日に至っている人もいる。

聴覚障害の人たちの中にも文字が理解しにくい人がいるのですね

読み書きに困っている人には、いろんな人がいることを知っておいてくださいね

③ 高齢者

　高齢者は加齢によって、文字が読みにくくなるだけでなく、書かれた内容も理解しにくくなったり覚えられなかったり、といったことも多くなる。高齢者が急速に増えている現在、分かりやすい読み方で必要なことを伝えることがより重要になっている。

④ 在住外国人・帰国子女など

　日本語が全く理解できなかったり、日常会話は何とかできても、日本語文が読めなかったり、漢字がほとんど理解できなかったりする在住外国人が増えている。また、帰国子女と呼ばれる人たちで同様の人たちも少なくない。

東日本大震災が明らかにした「取り残された」多数の中途視覚障害者

　東日本大震災の支援では、特に大きな被害のあった、岩手・宮城・福島の3県の被災地域で、手帳保持の視覚障害1・2級全員に、支援の連絡がされるという、画期的な支援が実現しました。（日本盲人福祉委員会による）

　その中で、中高年から視覚障害になった多くの人々が家に引きこもり、ほとんど家族だけの中でさまざまな支援のあることも知らずに暮らしている、という状況にあることが、図らずも明らかな数値として示されることとなりました。

　　音声時計があることも知らなかった　　：43%
　　日常生活用具の制度を使ったことがない：56%

　そして、点字図書館で音声図書があることを知らない人に至っては、8割以上に達していました。これらは、「身障者手帳を保持している」障害者には、あり得ないことなのです。

　団体にも所属していない、点字図書館も利用していないなど、「普段は顔が見えていない多数の視覚障害者」への配慮がこれまでどうだったのかを数字で突きつけた「事件」でした。さらに、視覚以外の障害でも、表面には出て来ない、多くの中途障害の方々が多数にのぼっていることが指摘されており、それらの方々への対応も必要です。

高齢者と障害者のための
読み書き支援

読みの支援と必要な技術

2-1 何を読むのか

ア．読む必要のあるさまざまな資料

読み書きの必要なものは幅広く存在する。
- a．さまざまな郵便物、名刺、請求書・レシート
- b．診断書・処方せん、申請・契約書など
- c．物品・薬品・CDなどの表示内容、取扱説明書など
- d．広告やチラシ、メニュー、自治体の広報、回覧板など
- e．本、新聞、雑誌、地域誌など
- f．ホームページやパソコン、スマートフォンなどの画面確認
- g．冷蔵庫や戸棚の食品賞味期限、衣類など日常生活上の表示
- h．催し案内、会場での配布物など、移動に伴う資料

イ．「資料を読む」支援と対応

上記の資料の対応については、支援機関によって異なる。

① 点字図書館・公共図書館などでの対応

　上記のうち、e．(本など)のような資料の読みは、プライベート点訳・音訳や対面朗読によってある程度はカバーされているが、プライベート製作がない館も多く、対面朗読を行う館がない地域は広範囲に存在している。さらに、対面朗読があっても持ち込み資料を認めない館もある。

② 福祉制度における対応

　福祉制度においては、施設入所者や通所者への対応、および在宅支援としてホームヘルパー等を利用できる場合に、ａ．（郵便物など）や、ｇ．（日常生活上の表示）については読み書き支援されることもある。

　また、視覚障害者への同行援護やガイドヘルパーの制度を利用できる場合には、ｈ．（移動に伴う情報）のような、移動と関連のある情報については、読み書き支援が含まれている。

　しかし、その他の情報支援については福祉支援では対応していない。

③ 公的機関での対応

　役所での手続きや銀行等での通帳確認・ATM 操作など、病院などでの読み書き対応については、それぞれの機関で保障される必要がある。しかし現状は、必要な人たちへの読み書き支援の対応については研修すらされておらず、本来の情報支援者ではない介護支援者や家族など同行者の負担になっていることが多い。

　しかし、同行援護のない地域が多いため、本来福祉制度を利用できるはずの人の多くが、狭い範囲の情報支援すら受けていない。さらには、ディスレクシアをはじめ、現行の福祉制度の対象とならない人たちは圧倒的に多く、必要な情報支援をなんら受けていないのが現状である。

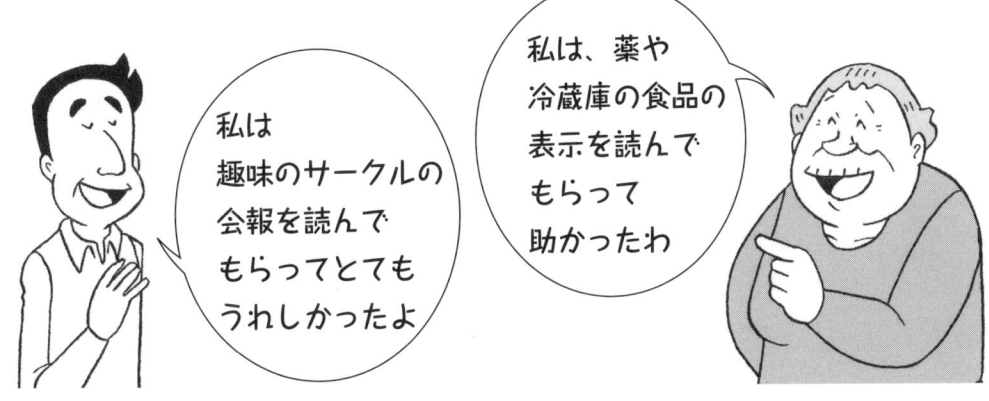

2-2
読み方のパターン

　読む資料や利用される方の状況によって読み方にはいくつかのパターンがある。

ア．対面朗読的に読む

　通常の視覚障害者等への音訳と同じように、資料を最初から読み進めていく。文字だけでなく、図や写真などをどのように処理するか、音訳の読みと同等の技術が必要である。そのまま録音をして、あとで聞く利用者も少なくない。

　目次を読んで、利用者が指示する部分だけを読む、出てきた言葉や内容を辞書やインターネットなどで調べながら読む、と言うような、対面朗読で行っているような読み方である。取扱説明書などを依頼される場合もよくあり、最初の諸注意を省いて、最も必要な操作方法などから読むことも多い。チラシなどでは、最も目立つ文字や写真から読むなど、安さ・品質など、そのチラシの最も強調していることを的確に伝えることが必要になる。

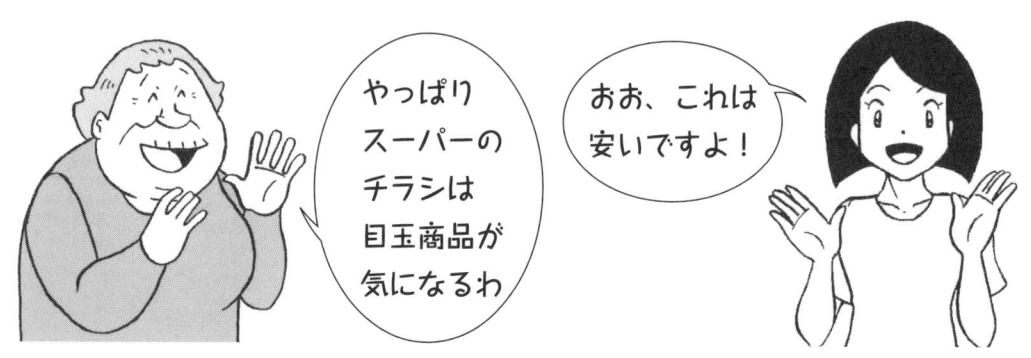

イ．必要な情報を読み手が選んで読む場合

　対象者には、資料の目次や見出しを読んでもらっても「そこを読んで」などと情報を選ぶことができない方も多い。特に、中途障害者で視覚障害にそれほど慣れていない方や、聞いただけでは理解しにくい場合は、情報の選択は事実上読み手に委ねられる。

ウ．支援しながら読む

　利用者の状況を支援者が把握して、重要な情報のみを読む必要性が高まっている。

　福祉分野の介護支援として位置づけられている「傾聴」のように、聞きながら話を引き出してニーズをつかみ、利用者が必要な情報を、読み手が拾い出して、手短に伝える技術が必要になる。

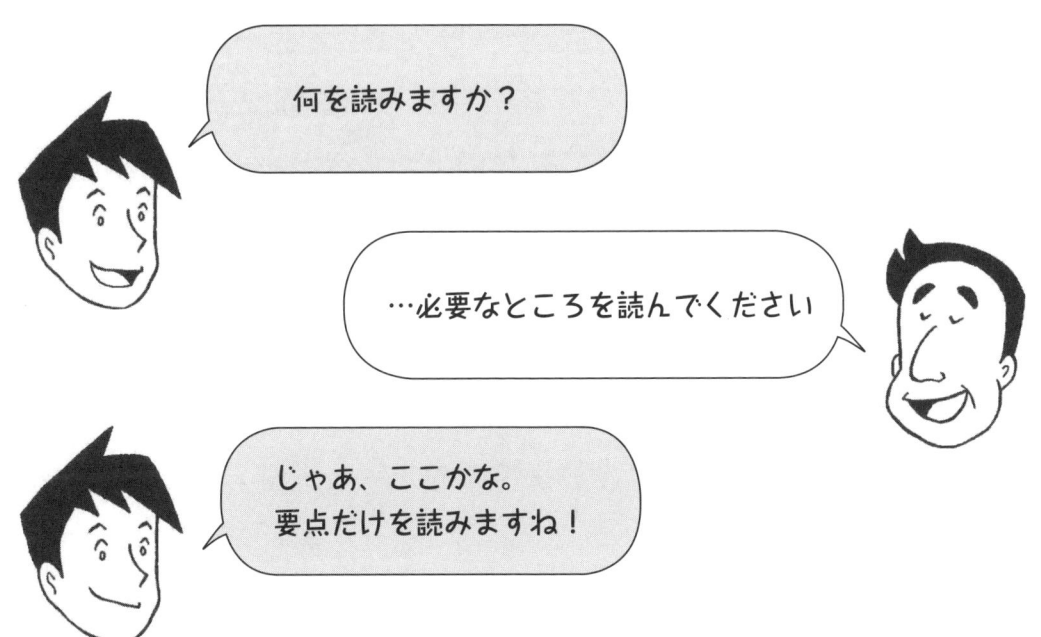

2-3 どこで読むのか

ア．定まった場所での読み書き支援

　これまでの読み書きサービスの多くは、点字図書館や公共図書館の対面朗読室の一部や、さまざまな施設の一部を使用して、主に視覚障害者が利用していた。

　このような定まった場所での読み書きサービスは、場所については小部屋の準備でよく、サービスの実施については、同じ施設の中で他の事業にもかかわっている職員や協力者・ボランティアを拡充することで実施できるので、比較的実施しやすい。一方、利用者にとっては、その施設を利用する際や外出のついでに利用できるというメリットもある。

　施設等での読み書きは、さまざまなコミュニケーションの機会も増え、社会参加の促進を図る有効なサービスでもある。さらに、支援サービスが受けられない、もしくは制限されている軽度障害者や高齢者、そして福祉制度の対象になっていない人たちにとっては、ほかにはない情報サービスとして重要である。

　なお、室内での利用者と支援者の位置関係については、横に並ぶかL字型に座って読む方がよい場合がある。少しでも墨字（すみじ。目で見る文字のこと）が見える利用者の場合には、明確に描かれた図なら直接見てもらうか、略図などを書いて示すと理解してもらえる場合もある。

なお、聞き取りにくい人の場合は、利用者の右側と左側のどちら側に座るのがよいかを本人に確認し、よりはっきりした発声を心がける。

イ．在宅支援としての読み書き支援

「読み書き」の支援で重要なのは、日常生活の支援が含まれることがよくあることと、高齢化が進み、移動が困難な人たちが非常に多いことである。すなわち、「読み書き」支援の必要な人たちの多くが居宅でのサービスを必要としている。

在宅支援というと、すぐに障害者「福祉」サービスと見られてしまいがちである。たしかに、介護等を必要とする在宅者へのサービスの中には、手紙や生活情報の支援も含まれている。しかしながら、在宅支援は情報支援のうちの限られた部分にとどまり、幅広い情報支援は対象になっていない。そして、福祉的支援サービスが受けられない、もしくは制限されている軽度障害者、さらには、ディスレクシアや外国人など、書かれた情報にそのままでは対応できないさまざまな人たちは、福祉制度の対象になっていない。(90、94、104ページ参照)

このように、高齢化も進み、在宅情報支援サービスを必要としているさまざまな人たちが非常に多く存在しているのである。

なお、公共図書館や公民館などにおいても、地域密着型情報サービスとして、本の宅配や巡回図書館等が行われており、「読み書きサービス」はその延長線上にある情報サービスでもある。

ウ．各地で読み書き支援を実施するために

① 各地での読み書き支援の実現へ

　定まった場所での読み書き支援が実施されている地域は、対面朗読サービスを含めてもなお、一部の地域に限られている。さらに、在宅情報支援に至っては、ホームヘルパー等によるごく限られた範囲の支援にとどまっている。

　読み書きサービスは、「必要な人が居住する地域に、きめ細かく存在」していることが必要なことは言うまでもない。比較的取り組みやすい「定まった場所」での読み書き支援にあたっては、公共図書館や公民館、地域の社会福祉協議会、多様な福祉施設など、幅広い場所の利用が考えられる。このような施設で視覚障害者をはじめ、高齢者やさまざまな人たちへの読み書きの対応ができるようになると、コミュニケーションの機会も増え、社会参加の向上にもつながる。

② 読み書き支援事業実施への課題

　その実現を阻んでいるのは、事業として成り立ちにくく、読み書き支援者も育っていないことである。本来は「読み書き」の経費もきちんと位置づけられなければならないが、障害者自立支援法のコミュニケーション支援は、聴覚障害の手話通訳士派遣などは根強い運動によって保障されてきているものの、視覚障害についてはほとんど具体的な実施が伴っていない。

　なお、読み書きの支援者の確保も大きい課題であるが、各地域で幅広く活躍している音訳などのボランティアは多数おられ、可能な限り読み書きの支援にも参加してほしい。

③ 表面に出てこない読み書きニーズ

　なによりも深刻なのは、肝心の「利用者」である人たちが、「自分は読み書きサービスを必要としている」ことを知らないことである。そのために、「読み書きサービスを始めたが、ほとんど利用がなく、読み書きサービスをやめた」というところもある。

　その大きな理由は、いまや多数を占めている中高年からの中途視覚障害者の多くが、読み書きが必要なはずなのに読み書きの希望を出せない状態だからである。それは、何十年もずっと視覚頼りの生活をしてきたため、急に視覚が使えなくなり何もかもできなくなると、その障害を受け止めることができない。そんな人たちが、多数を占めているからである。

　また、ディスレクシアそのものが一般には知られておらず、自分がそうらしいことに気づいている人はかなり少ない。気づいた人も、自分からディスレクシアだと言うことができない。さらに、音訳資料や読み書き支援というものがあって、それを利用すれば生活が向上できることを知っている人はずっと少ないのである。

　高齢者は全国民の3割になってきており、その中には読み書き支援を必要とする人たちが相当多く存在している。しかし、そのような人たちも、多くが「読み書きの支援」の存在すら知らず、自分がその対象になっていることにも気づいていない。

　このような状況のために、読み書きサービスというものがあること、それを自分は必要としているのではないか、と気づかせ、在宅も含めた読み書きサービスをしっかりと実施していく、このような地道な活動が求められている。

2-4
読み方とその技術

ア．「読み書き」のニーズをどのようにつかむか？

　「読み書き支援」で重要なのは、情報を必要としている視覚障害者や高齢者が何を必要としているかの把握である。

　視覚障害者団体に所属していたり点字図書館などを利用していたりる人たちは情報を得る機会も多く、自分が何を必要としているかをはっきりと言うことができる。しかし、増え続けている中途視覚障害者などの人たちは、自分には何が必要で、どんなサービスがあるのかすら分からず、自分のニーズを伝える以前の状態にある。

　これらの「サービス」には、得てして申請主義で、わかりにくく書かれた紙だけを配って、あとは言い出されるのを待っている形式が圧倒的に多い。しかしそれでは「必要なことを言えない大多数の人たち」は阻害されてしまう。

　生きたサービスとするためには、まずは障害の受容が十分できていない人たちへの心のケアや心のこもった相談サービスが必要である。個人情報だからと言ってほうっておいてはならない。待っていれば来るだろう、ということではいけない。本人および家族のところへ、きちんと伝える技術を持った専門家が訪問することから始める必要がある。

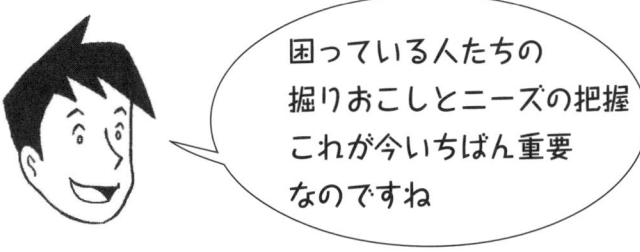

イ．伝わりやすい読み方

　読み書きについて、特に必要なのは、明瞭（めいりょう）に読んで正確に伝えること、相手が理解できることである。視覚障害者向け「音訳」の基本技術の中の「はっきりと聞きやすく発音する」技術は、読み書きにも共通する。

　「読み書き」は、声で伝えることが圧倒的に多い。声の大きさや高さ、早さなども、利用者の希望を聞きながら決めればよい。ただし、声の大きさについては、高齢者には耳元で大きな声を出せば聞こえる、と思いがちであるが、単に大きな声では音が割れるだけで聞き取れなくなる人も少なくない。また、個人情報にかかわることを読むことも多いので、口をよく開き、はっきりと聞き分けやすい発声が重要である。

＊読み書きのための発声の練習
　背筋を伸ばして、横隔膜のあたりに手を当て、視線はまっすぐ正面を見る。
　肺に息を入れ、胸より下から「ハーー」となるべく長く息を出す。
　その息に声を乗せるように、「アーー」と長く声を出す。
　このとき、声はそんなに大きくなくてよい。
　はっきりと発音するために、口の周りをよく動かす練習も大切である。

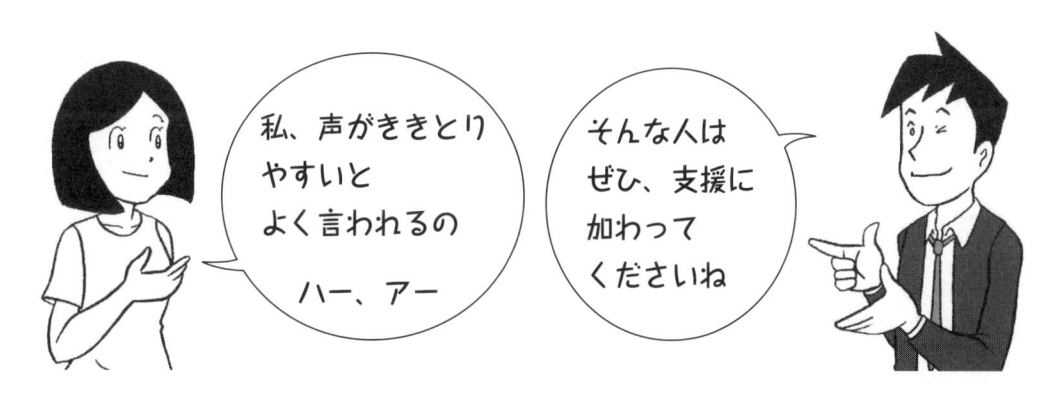

ウ．読み書きのアクセントや配慮

① アクセントやイントネーション

　「音訳」の読みはさまざまな人々に聞いてもらうためであるが、「読み書き」の読みは、目の前にいる方が理解してもらうことである。

　すなわち、音訳はだれにも分かるように標準語の発音が求められるが、読み書きは今目の前にいる人が理解できることが重要である。例えば方言については、相手が分かりやすければ方言の方がよい、ということがあるので、読み書きではイントネーションの違いはあまり気にしなくてよい。

　読み書きの読みは、同じ地域に住む利用者も多いので、標準語のアクセントにとらわれる必要はなく、相手に分かりやすければその地域の言葉で伝えればよい。読み書きでは、相手に伝わっているかが重要なので、伝わったかどうかを直接聞いてもよい。

② 言葉遣いや利用者への配慮

　通常の丁寧な言葉遣いを心がければよい。高齢者に大きな声で情報を選んで伝えるときに、まるで子どもに言うような口調になる人がいるが、利用者と支援者は対等な関係であり節度のある言葉遣いを心がける必要がある。ただし、人によって理解できる言葉が異なるので、会話等の中でそれを早くつかむことが必要である。

　利用者には、「いま読んでもらっている部分は読まなくてもよいのだが」などと、言えない人もいる。読むことだけに気を取られず、利用者が理解しているか、そして本当に知りたいことはなにか、などの把握にも留意し、何かを感じたら、適当な切れ目のときに聞いてみることも必要である。

③ 利用者と共に「読む」

　読み書きの時の「読み方」の最も重要なことは、「読みを間違わない」ことより、内容が正しく伝わることである。また、相手に話しかけるように自然に読むと、長時間でも疲れにくい。

　どう読んでよいかわからなくなったときは、率直に利用者に伝える。例えば、読み方がわからない漢字や地名をその場で調べることも大切だが、利用者が知っている、という場合も少なくない。特に専門分野の資料になると、用語の読みは利用者の指示や意見に素直に従って読む方がよい。辞書などで調べるときは、適当な切れ目で、利用者にも自分がわからないということを伝えておく。

　なお、利用者が録音したり、点字メモをとったりする場合もあるので、ときどき利用者の様子にも注意する必要がある。

エ．読み方の技術

＊すべてを読むか、必要な部分だけでよいか

　音訳は、「すべてを正確に読む」必要があり、対面朗読も同じである。文章だけでなく図や写真、表なども理解し説明を付け加えて伝える技術は、読み書きでも欠かせない技術である。

　ただし、音訳では「図や写真、表などの情報もすべてを読む」のが原則だが、読み書きでは、必要ではない部分は読まなかったり、図全体を省略したりすることもしばしばある。また、取扱説明書なども内容が分からない場合には、分かる人に助言を求めるなど、勝手な解釈にならないよう努めることが必要である。

例題1　右ページの案内パンフレットを読む

　このような案内文は、順番に読むのではなく、通常でも大きい活字で目立つ部分に目がいくように、「知りたい」と思われる情報から伝えるのがよい場合が多い。例えば、次のように、最も目立つ①を読んでから、一番上の②を読む。

①「これは1枚のパンフレットで、読み書きに困っていませんか、と大きく書かれています。」

②「一番上には、高齢者・障害者のための、読み書き（代読・代筆）情報支援事業のご案内」と書かれています。

　次に知りたいこととなると、「自分は対象者か」「どこでか」「いつか」「何を読み書きしてもらえるのか」「いくらか」「信頼できるか」などであろう。これも、次にどこに目がいくか、と考え、まずは概要を伝えるとよい。もし利用者に興味があるのであれば、「そこをもう少し詳しく」などと言われたりする。利用者に興味がないように感じたら、「読み続けますか」と聞いた方がよい。

③「対象となっているのは、高齢者・障害者などで、読み書きが困難な人、となっています。手帳はなくてもよいようです。」

④「場所は日比谷の図書文化館で、土曜日、無料です。ほかの日は1週間前に申し込み、となっています。読み続けますか？」

　このような読み方は、広報やさまざまな書類や案内にも共通する。最も必要なのは、「相手が自分で読めるとしたら、どう読んでほしいか、という気遣いでもある。

高齢者・障害者のための 読み書き（代読・代筆）情報支援事業のご案内

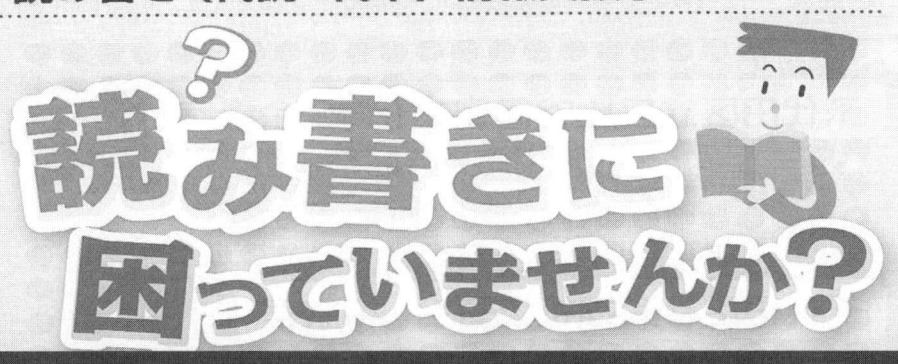

読み書きに困っていませんか？

- ●利用料：無料 ※交通費はご負担願います。
- ●常設開催日程：13:00〜17:00 毎週土曜日（年末年始／祝日除く）
- ●常設開催日以外の日程：原則として希望日の7日間以上前に電話またはメールにて申込み後、運営事務局が日程調整をして実施
- ●実施場所

千代田区立日比谷図書文化館　会議室

- ●東京メトロ 丸の内線・日比谷線・千代田線「霞ヶ関駅」C4・B2出口より徒歩約5分
- ●都営地下鉄 三田線「内幸町駅」A7出口より徒歩約3分
- ●東京メトロ 千代田線・日比谷線「日比谷駅」A14出口より徒歩約7分

- ●対象者：高齢者や障害者等、読み書きが困難な人
  （障害者手帳の有無、お住まい等問いません）
- ●読み書き情報支援サービス【可能なもの】
  ①勉学上必要なもの…
  　代読：教科書や参考書、研究活動等で使う資料、辞書引き等
  　代筆：入試申込書、学校提出書類等
  ②職業上必要なもの…
  　代読：職業上で必要な雑誌や資料、会議等で配布される資料等
  　代筆：入社等の手続書類、会社等の提出書類等
  ③日常生活上必要なもの…
  　代読：地域の回覧物、広告やパンフレットや家電等の説明書、手紙や貯金通帳等
  　代筆：各種申込書等の署名／押印、手紙や宛名書き、趣味や生活上に必要な書類等
- ●読み書き情報支援サービス【不可能なもの】
  行政書士等手続きの権限者を法的に定められている書類等、損益の発生する経済活動に関する書類等

【問い合わせ】NPO法人 大活字文化普及協会 事務局
メール：masamitsu@daikatsuji.co.jp　電話：080-4071-9402

例題２　次の「日常生活用具の給付（視覚障害）一覧」を読む

　元の表は障害者すべてであるが、この表は、視覚障害者関係に限定されていて分かりやすくなっている。しかし、それでも順番に読むだけでは、聞かされる方は途中でいやになってしまう。

①まず、全体を見て、何が書かれているかを把握する。

　読む前に、まず知りたいのは「何の資料か」であろう。「日常生活用具」のような言葉を知っている人にであれば「日常生活用具の表です。」でよい。でも、分かりやすく、「障害者が安くしてもらえる品物が書いてあるようです。」と伝えることが必要な人は多い。

②まずは表の左側の「品名」の概要を読むが、順番にではなく、関連のありそうなものを読む方がよい場合が多い。例えば、「録音や再生ができる機械、活字を読む機械、声で知らせる時計や体温計・体重計、うんと拡大できる読書器そして電磁調理器などがあります。」「そのほかに、福祉電話、緊急ベル、消火器、活字を読む機械、信号機の音延長の器具、触る時計、点字タイプライター、点字ディスプレイ、点字盤、点字の本があります。」

③多くの品物が身障手帳の１級と２級の人が対象です。

④「どれか詳しく読みましょうか。」

　　　一様に同じ大きさで書かれていて順番に読むのではだめですね

　　　どこを選んで読むかの判断が問われますね

日常生活用具の給付（視覚障害）一覧　品名　障害要件　年齢要件　その他要件

品名	障害要件・年齢要件	その他要件
福祉電話	身障手帳1・2級　年齢の制限なし	
緊急ベル	身障手帳1・2級　年齢の制限なし	①

① 一定時間常時1人になり緊急時電話連絡等が困難な障害者がいてかつ近隣住民の協力が得られる世帯

火災警報器	身障手帳1・2級　年齢の制限なし	②

② 原則として、火災発生の感知及び避難が著しく困難な障害者のみの世帯及びこれに準ずる世帯

自動消火器	身障手帳1・2級　年齢の制限なし	③

③ 原則として、火災発生の感知及び避難が著しく困難な障害者のみの世帯及びこれに準ずる世帯

視覚障害者用ポータブルレコーダー　④	視覚障害1・2級　学齢児以上	

④ DAISY方式により録音・再生ができる製品等

品名	要件
活字文書読上げ装置	視覚障害1・2級　学齢児以上
歩行時間延長信号機用小型送信機	視覚障害1・2級　学齢児以上　2級の方は送信器のみ
視覚障害者用時計	視覚障害1・2級　18歳以上

⑤ 音声時計は手指の触覚に障害のある方

品名	要件
点字タイプライター	視覚障害1・2級　学齢児以上　本人が就労、就学又は見込みの方
音声式体温計	視覚障害1・2級　学齢児以上
電磁調理器	視覚障害1・2級　18歳以上　⑦

⑦ 原則として、障害者のみの世帯及びこれに準ずる世帯

品名	要件
視覚障害者用体重計	視覚障害1・2級　18歳以上
視覚障害者用拡大読書器	身障手帳交付の視覚障害者　⑧

⑧ 学齢児以上。視覚障害専門職員から指導を受け、この装置使用で文字等を読むことが可能になる方

品名	要件
点字ディスプレイ	視覚及び聴覚重複1・2級　18歳以上　必要と認められる方
点字器（標準用、携帯用）	身障手帳交付の視覚障害者児
点字図書	身障手帳交付の視覚障害者　⑨

⑨ 6歳以上。年間の給付限度は6タイトルまたは24巻。ただし、辞書など一括で購入する必要がある場合は除く。月刊や週刊の雑誌は対象となりません。

例題3　右ページの実態調査のグラフを読む。

　このグラフは、通常、次の2種類の読み方がある。
①調査年ごとに、視覚障害者数、聴覚、肢体、内部、と読む。
②視覚障害者数は、昭和26年は〇〇、50年は…
　聴覚障害者数は、昭和26年は〇〇、50年は…、と障害別に読む。
　この両者のどちらにするのかは、利用者の知りたい目的によって異なる。最新の年度だけでよかったり、ここ10年ほどの視覚障害者数のみだけだったり、全体として大きい特徴をつかみたい、など目的が異なる。
　それで利用者に、「昭和26年から平成23年まで、ほぼ5年おきに、各障害者の数を積み重ねて12本の棒グラフとして表現されています。視覚障害者の5年おきの推移を中心にしますか？それとも5年ごとの各障害者数を中心にしますか？」などと聞いて、読み方を決める必要がある。
（注意）このグラフで特に注意を要するのは、障害者の全体数はこれまでと同様に増加しているのに、最新の23年度だけ58万人もの「不詳」が加わっていることである。だから、「詳細は分かりませんが、「不詳」の数字を仮に各障害別に比例配分したとすると、視覚障害は6万人ほど増え、聴覚・肢体不自由・内部の各障害ともに少し増えていることになります。」のような補いが本来は必要である。でも、そのような読み取りまでは困難なことも多いので、「不詳」に気づけば、「視覚障害者数は5年前とほぼ同じで、聴覚障害者数は3万人以上減少している」のような単純比較は避けるべきである。

2 読みの支援と必要な技術

図1 (障害者実態調査) 障害別推移

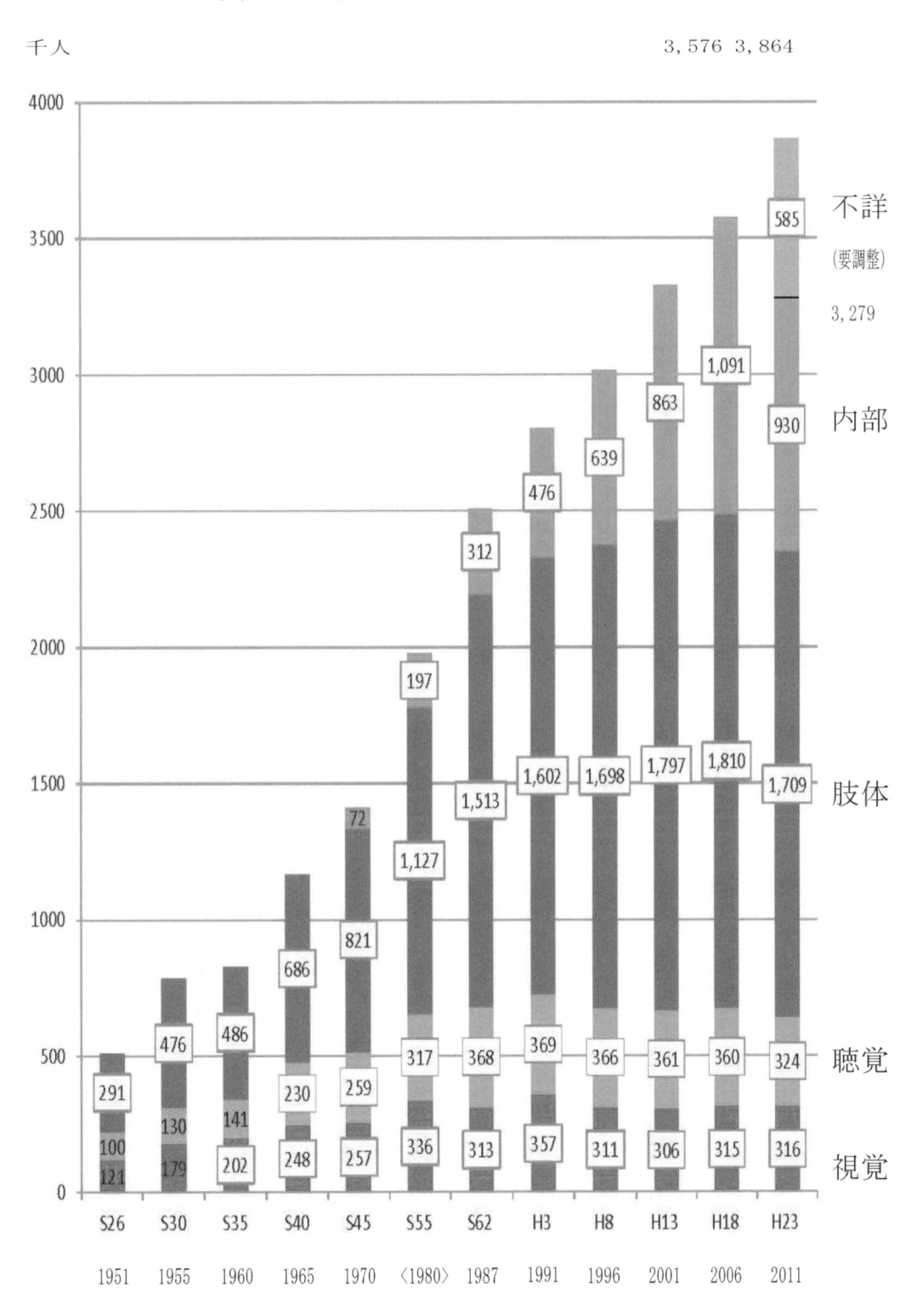

千人　　　　　　　　　　　　　　　　　　　　　　　3,576 3,864

年	視覚	聴覚	肢体	内部	不詳
S26 (1951)	121	100	291	—	—
S30 (1955)	179	130	476	—	—
S35 (1960)	202	141	486	—	—
S40 (1965)	248	230	686	—	—
S45 (1970)	257	259	821	72	—
S55 (1980)	336	317	1,127	197	—
S62 (1987)	313	368	1,513	312	—
H3 (1991)	357	369	1,602	476	—
H8 (1996)	311	366	1,698	639	—
H13 (2001)	306	361	1,797	863	—
H18 (2006)	315	360	1,810	1,091	—
H23 (2011)	316	324	1,709	930	585

(要調整) 3,279

2-5
利用者に合わせる読みの専門性

　読み書き支援には、専門的な知識や実践する力量が必要である。
　まずは「2-4 読み方とその技術」に示したように、「はっきりと伝わるように読む、専門用語を調べて読む、図表情報を読む」など、音訳や対面朗読と同様の技術が必要である。
　さらに、幅広い「読み書き」においては、「利用者の状況に対応した読み書きの専門性」が求められる。

ア．利用者の状況を把握する

　これまで述べてきたように、幅広く存在している読み書き支援を必要としている人たちへの対応には、在宅での情報支援が必要なこと、そして「読む情報を読み手が選び、支援しながら読む」というような配慮を含む、専門性のある支援が求められている。
　「在宅」というと、「福祉分野」と片付けられがちであるが、専門性のある情報分野からのアプローチがないと、多様な情報のニーズを支援者側の都合で無視してしまっていることになる。例えば、介護の必要な人たちについて、福祉は「情報保障」という観点にはなっていない。そのため、幅広い情報支援については、介護支援者の通常業務の範囲を超えた献身的なサービスに委ねられているのが現状である。

イ．情報を選択する技能の専門性

　典型的な例として、いま着実に増加している「中高年まで普通に見えていたが急速に視覚が弱まり失われていく人たち」への対応の方法については、専門的な技量が要求される。資料を「見ることができなくなり、聞くだけで情報を得ること」に慣れていないこれらの人たちには、情報を支援する前に、心理的に非常に大きいストレスが加わっていることが多いことを、知っておかねばならない。

　必要としている情報は何か、その情報についてどこまで把握しているか、どのように伝えれば理解してもらいやすいか、すなわち、「何を読む必要があるのか」の選択が、読み手に委ねられているのである。

　読み書き支援は、このような「支援する人が、利用者のニーズを的確に把握する」ことから始める必要があり、それらの知識を有していることが求められている。

ウ．相手に合わせて読み伝える専門性

　これまでの対面朗読で多かった、「情報の選択を自分で行うことができる対象者」ではない、数多くの人たちへの読み書きでは、情報を伝える作業に加えて以下の手順が必要である。
「①資料全体を見て、②関係があると思われる部分を探し出し、③読んで理解してもらう、④記憶する必要があればその部分を繰り返し読む」という手順であり、その中でも重要なのが「相手が本当に必要としている、情報の核心部分のみを選び出す技術」である。

① 聞き流す情報と覚える必要な部分

　まず、「目の前にある資料は何でどのような種類や内容か」が分かっているか、から始まる。分かっていないと思われる場合は、それを的確に伝える必要がある。

　例えば、視覚障害者宅に届いた郵便物であれば、不要なダイレクトメールか、必要なものか、資料の判別から始まる。

　また、回覧物などにおいては、「必要な資料と読まなくてもよい資料を、少しでも早く判別し「重要な部分のみをうんと短く伝え、余分なことは読まない」ということである。

② 読み手が行う必要な情報の選択

　読み手は本人のニーズをつかむことがまず必要であり、次に、資料の「必要な部分はどこか」を的確に把握し、その部分を読む、ということが求められる。この「必要部分を選択する能力」が、読み書きサービスを行うときに必須になってきている。これは、従来の全文を忠実に点訳・音訳するサービスからすれば、一歩踏み出した支援でもある。

役所から来ている手紙がありますね。「重要」と書いてあります。中身の要点だけ言います

はい、お願いします

エ．記憶できる情報

　視覚によって情報を十分得られる場合は「資料を見る」ことで、多くの情報はすべてを覚えなくても取り出すことが可能である。しかし、視覚による情報がない場合、どうしても記憶に頼らざるを得なくなる。幼少時からの視覚障害者はその対応がある程度できる人が多いが、記憶のみに頼る生活ではなかった人たちにとっては大きな情報不足に陥ることになる。

　そのような人たちへの読み書きには、「覚えなければならない情報を厳選する」ことが重要になる。なお、少し見える人には分かりやすいメモ、録音メモも必要である。

* 覚える必要のある情報

　通常の人にとって「覚えることができるのは、せいぜい2、3行程度」でしかなく、それ以上の情報は忘れていく。そのためには、どうしても覚えておかなければならない情報を、記憶しやすく短くまとめることが必要になる。

　例えば、東日本大震災の支援で大きな話題となった、「中途視覚障害者の4割もが音声時計を知らなかった」ことに対しては、1割負担の制度の通知文を読むとか、日常生活用具の表を説明したりするとかだけでは情報が伝わっていなかったことを示している。

　そのような状況でも必要最低限の情報を伝えるためには、「音の出る時計が1400円でもらえますよ」のみを強調して伝える、ような方法が重要になる。眼科医も行政担当者もさまざまな支援をする人も、そのような対応が求められている。

オ．よりそう読み方

　在宅支援などでは、「傾聴」と同じく、ひたすら聞くことから始まり、本当に必要としている情報はなにかを把握することが重要である。そうして「本人がなんとか覚えられる２、３行に絞った情報をしっかりと伝える」ことへとつながっていく。これらのことは、心のケアなども含む福祉的な領域ではあるが、情報分野の「読み書き」活動の延長線上とも言える。

　この読み方は、どの施設や事業での訪問か、利用者の状況、介護の状況などによって大きく異なっているが、「利用者に寄り添って必要な支援を行う」ことを共通の思いとして、対応していくことが必要である。

この書類を
読みましょうか
・・・・・・・
必要な部分だけ
読みますね
はい
あなたの介護保険料は
年○○円上がって
○○円になりました
年金がへりますか？
はい、
2ヶ月に一度もらう
お金がへります
はあ
そうですか
………

高齢者と障害者のための
読み書き支援

③

書き（代筆）および支援に必要な知識

3-1
何を代筆するのか

ア.「代わりに書く」必要のあるもの

　視覚障害者など自分では書くことができない者にとっては、さまざまな日常生活において、誰かに書いてもらう必要性がしばしば発生する。

　契約書や申請書類、申込書などきっちりと処理しなければならないもの(「自署」「押印」が必要)もあれば、私信やメモなど、扱いが緩やかなものもある。特に署名・押印し、法的適用のある書類については、「読み書きサービス」ではなく、「司法書士や弁護士などが法的な処理を含めて代筆する」ことが必要な場合があるので、注意が必要である。

・手紙などの代筆：通常の手紙、はがきなど、年賀状
・法的責任のある代筆：申込書・申請書、契約書、領収書その他、さまざまな署名・押印を求められる書類
・業務としての代筆：仕事等で必要な書類のチェックや作成
・日常生活上のさまざまなメモ書き：本人も理解できる大きさの文字や表現による、冷蔵庫内の食品や衣類の整理などのメモ書き

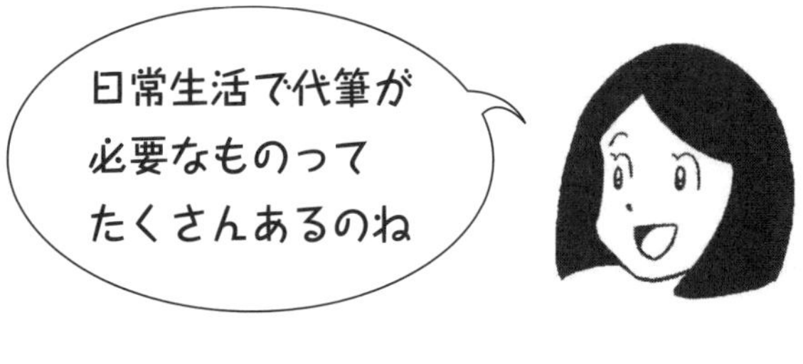

日常生活で代筆が必要なものってたくさんあるのね

イ．手紙などの代筆

　手紙などの代筆については、特に年賀状の代筆は入所施設などにおいては昔からよく行われていた。多くは家族やボランティアなどが中心になるが、受け取る相手が代筆であることを理解している場合は問題はない。そうではない場合には、筆跡だけでなく、日本には毛筆や硬筆文字が文化的表現の一つとなっている場合もあり、書き手の上手下手が影響することもある。

ウ．メモの作成

　ロービジョン（弱視）者や高齢者のためにメモを作成することがある。多くの場合、太い大きい文字で作成するが、対象者によって適切な文字の大きさや字体が異なるので、事前にどの程度がよいのか、確認しておく必要がある。例えば、中心視野が狭い対象者の場合は通常の大きさでよい場合もよくあり、視野に入りやすいように1行の文字数を10文字以下にして読みやすくすることも大切である。

　対象者の限られた視野範囲と視力に応じた文字の大きさなどとともに、レイアウトにも留意して作成する必要がある。

　なお、拡大写本などの技術は、このような時にも有効である。

> 日ごろから、ていねいに字を書くようにしないといけないな

> メモの書き方については70ページを参考にしてくださいね

エ. 法的責任のある代筆

　依頼者が書く必要のある書類には、さまざまなものがあり、種類によっては、代筆支援者に司法書士や弁護士などの資格を有することが求められる。また、署名・押印についての知識も必要である。

　まず、無記名アンケートなどであれば、その内容を伝えて回答を代筆して問題はない。

　住所・氏名の記入が求められる申請書や契約書などにおいては、法的な責任が発生することが多いので留意する。司法書士や弁護士など資格を有する者が所定の手続きに沿って行う必要のある書類も多いので、よく調べて対処する必要がある。なお、単なるアンケートのように見える調査票などであっても、住所・氏名を記入するものや、ＩＤなどの特定の記号番号や生年月日など個人を特定できる記入項目のあるものについては、注意が必要である。

　日本における「自署」については、履歴書の一部など、手書き文字で表現された「品格」等が評価の対象になってしまう場合があるのでより注意が必要になる。なお、「代理委任状」については、その代理委任状すら代筆することになるという問題がある。

オ．業務としての代筆

　仕事など業務に必要な書類の作成については、職場介助者制度の活用などによって支援される必要がある。視覚障害者もワープロを利用して文書を作成することが多くなってきている。その場合、支援する人が仮名漢字交じり文の墨字をレイアウトを含めてチェックをすることもある。

> パソコンやワープロをある程度使いこなせることも必要ですか？

> 職場介助者に限らず日常的な支援でもできると便利ですよ

> 私
> がんばります

3-2 「書き」（代筆）の方法と技術

ア．正確な文字を楷書体で書く

　書くために常識的な事項としては、正確な漢字を読みやすい書体によって、求められている書式で書くことである。

　視覚障害者などの人たちにとっては、「代行して意思を伝える」ために書いてもらうということであり、誤字などがあると何らかの不利益を受ける可能性もあり得る。そのため、漢字や送り仮名、句読点の使い方などで代書者の判断が入る部分については、辞書を調べるかインターネットで検索するなどして、正確に書くことが必要である。また、読みやすい楷書体などの文字でレイアウトにも配慮するなど、「常識的な書き方」が求められる。

　また、代書されたものを読む人が高齢者やロービジョン（弱視）者であれば、ひとりひとりの見え方に適した書き方も必要である。その場合は、太めの線で大きく書くなど、拡大写本の文字のように一点一画が読みやすくしっかりと書かれることが望まれる。（70ページ参照）

> 「書く」ってなんか緊張しちゃうな。うまく書けるかな

> 正しくていねいに書いてくださいね

イ．重要な法的責任を有する代筆の扱い

　署名や押印等を伴う書類の代筆には、その内容や軽重の違いはあるが、何らかの法的な責任が発生する。そのため、署名や押印はもとより、個人を特定できるさまざまな記号番号や口座番号、ＩＤ、生年月日などの記載に当たっては、本人に内容を十分に伝えるとともに、記載する内容についても、本人の明確な意思表明が確認できた後に記載する。また、申請書・契約書などで、司法書士や弁護士等が行うことになっている書類についての知識も必要である。（56ページ参照）

ウ．「書き（代書）」の手順

　基本的には次の手順で代書を行うが、書く種類や内容によってさまざまである。（100、102ページ参照）

a. その書類が「どのような内容で何を書かなければいけないか」をしっかりと伝える。

b. 書き始める前に、記載する必要のあるすべての項目が記載できるかどうかを確認する。（記載内容によっては、事前に調べたり必要書類をそろえたりする必要が生じることがある。）書き始めてから記載ができず中断すると、途中まで記載された書類の扱いや保管方法などにも影響することもある。

c. 調査票や申請書など失敗が許されないものにおいては、事前に下書きをしてから正式に書く方がよい。特に、地名や人名で、普段使わない漢字が使用されている場合など、しっかりと確認してから書く。

① **筆記具について**

黒または青のペンまたはボールペンで書くのが一般的である。記名の必要な書類では修正液等は使えないので、注意が必要である。

冠婚葬祭の包み紙や色紙への記載などにおいて、毛筆での記載が求められることもあるが、通常の読み書きにおいては、「一般人の技量」以上の要望には応えにくいとしてよい。

② **レイアウトの調整などについて**

仕事や種々の活動に必要な書類を作成する場合、ワードや一太郎などを利用しての文字データを「効果的なレイアウト」としての編集を行うことが求められたりする。単に漢字などのチェックだけでなく、適切なフォントの選択や見出しの付け方、全体を見たときに効果的なレイアウトのセンスなどが必要とされることがある。どこまで要望に応えるのかは、事前に確認しておくことも必要である。

③ **代筆依頼書**

代筆にも当然ながら守秘義務があり、「代筆依頼・確認同意書」等を作成して同意しておくことが求められる。もちろん、このような書類なしで代筆を行っている場合には、同じような内容の口頭による契約がなされているものとして扱われることになる。

「代筆依頼・確認同意書」を作成する場合の一例を次ページに示す。

ふう、なんとか書けましたよこれでいいか読みますね

それでけっこうですありがとう

（代筆依頼書・代筆確認同意書の例）

代筆依頼 兼 確認同意書

　私は　以下の事項を確認・同意の上、代筆を依頼いたします。

（1）代筆を下記代筆支援者に依頼する意思があります。

（2）代筆を依頼するにあたり、または代筆を依頼した後に、予測不可能な問題が発生した場合は、誠意と良識をもって代筆支援者と話し合い、解決を図り、和解するよう努力いたします。

　　代筆支援者氏名：
　　　代筆場所：
　　　依頼する代筆支援の内容：

　　　　　　　　　　　〇〇年　〇月　〇日
　　　　　　　　　代筆依頼者氏名：
　　　　　　　　　　　　（自署・サイン）

3-3
「署名・押印」について

ア．必要となる「署名・押印」

　契約書などにおいて、司法書士が行う必要のある書類については、署名・押印の扱いは所定の手続きに従う。

　視覚障害者の書くという行為において、申込書や領収書などで署名や押印が必要な場合に、読み書き支援者がそれらの行為を代わりに行っていることもある。ただし、「読み書きにおいて、署名・押印まではできない」と規定されている場合もある。

イ．サインと自署は同じか

① サイン

「サイン」と言った場合、本来は「再現性がある、自分にだけ書いた筆跡と分かる文字や記号の記載」であり、日本人も外国ではサインを使用している。また、書画においては氏名というよりはサインに近いものが書かれることや、古くは花押などもあり、日本においても、氏名ではなく記号やサインと同様の使われ方のものが存在していた。

　欧米では、タイプライターやワープロで作成した文章の続きに名前も印字して、その下に、「自分の筆跡が分かるサイン」を書くのが普通である。

② 日本の「自署」

　日本においては、氏名だけでなく住所まで「自署」を求められることが少なくない。そのために、「署名」も欧米の「サイン」とは違って、楷書体できちんと書かなければならない、という思いこみがある。しかし、日本においても、契約書等における法的位置づけは「再現性のある本人の筆跡」であればよいのである。なお、「押印」については、だれが押したかまでは通常は分からないので、「本人の意思によって押された」ことが明らかであれば有効である。

　このような状況の中で、署名・押印を代行すると責任が発生するとして、「読み書きにおいては署名・押印の代行はできない」と規定されているところがあるのはやむをえない面がある。

ウ．見えなくても「サインも押印もできる！」

　本人が「氏名を書いて押印ができる」なら、これらはすべてが解決する。実は、「目がまったく見えなくても、多くの人がサインも押印もできる」のである。

　通常、「目が見えないから名前も書けない」というのは、「きっちりした文字で氏名を書けない」からという思い込みのためであるが、「自署で」とされている場合でも、自分の筆跡と分かる「サイン」が書ければ、日本においても「署名」として法的な要件は満たされる。

＊押印はサインよりも簡単にできる

　本人が押印できるだけでも、読み書き支援者の「心の負担」は軽減する。

　押印する用紙の所定の部分に、丸い穴のあいたサインガイドをしっかり押さえ、指先で丸い穴を探ってもらってから、印肉を付けた印鑑をしっかりと持ってもらって、「この丸い穴の部分にハンコを押しつけてください。」とすれば、本人の押印が実現できる。

エ.「サイン」への手順

　「氏名を書けない」と言っていた全盲の視覚障害者でも、以下の手順で多くの人たちがサインを書けるようになる。

①「このメモ用紙に、どんな書き方でも結構ですから、名前を書いてみませんか？」とお願いする。最初は多くの人が「目が見えないから無理です」と否定される。

　それでも、

②「書かれた線が重なって読めなくてもいいんです。さあ、やってみましょう」とメモ用紙に、大きく自由に何度か書いてもらう。どんな書き方でも、「これなら十分にサインになっていますよ」と言うと、本人も「え、こんなのでよいの？」と少しはその気になってもらえる。

　そのあと、

③「このガイドの板を使うとサインが簡単にできますよ。‥‥と、まず、サインガイドを触ってもらい、長四角のワク穴も確認してもらう。「この長四角のワクの中に一度書いてみませんか」と勧める。メモ用紙の上にサインガイドを置いて横からワク穴を避けてしっかり

と押さえ、「ガイドの板を押さえていますから、この長四角のワクの中に書いてみましょう。線が重なっても文字がゆがんでもかまいませんよ」とお願いする。その後、さらにガイド板をずらして、2，3回書いてもらう。「これ、みんなサインになっていますよ」と言って自信を持ってもらう。

それから、

④ 書類の署名の必要な部分に長四角のワク穴がくるように定規を押さえて、「もうサインができます。では、ここに書いてみましょう」とお願いする。

読みにくい場合は、読み書きの支援者が、念のためサインの上か下に、氏名を添え書きしておくとよい。

そのあと、ガイド板の丸い穴を「印」の部分として、「この丸い穴の中に、はんこを押してください」と言えば、サインもできた人ならすぐにできる。もちろん一度練習をしてからでもよい。

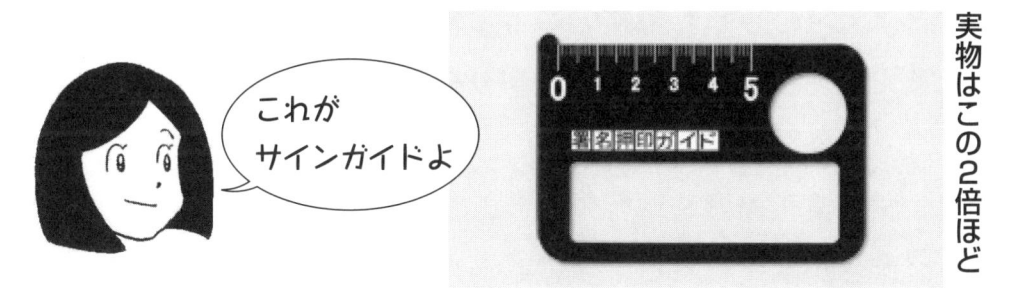

これがサインガイドよ

実物はこの2倍ほど

このように、視覚障害者でも多くの人が、少し練習するだけでサインができ、押印もできるようになるので、可能ならそのように導入できるとよい。しかし、そうはならない場合には、署名も代筆をすることがよく行われている。

なお、自分でサインしたときも代理者が署名や押印をしたときも、本人に書類の内容の確認と署名・押印をしたという確認をしっかりと行っておくことが必要である。

3-4
読み書きと守秘義務

　代筆支援において、間違いなく記入できる、美しく読みやすい文字が書ける、という技術面だけでは、支援者として不十分である。依頼者の依頼内容をしっかり理解した上で、最低限のルールとマナーを守って支援することが重要である。

ア．守秘義務違反の処罰は重い

　代筆支援者には守秘義務が課されている。守秘義務とは、職務上取り扱ったことについて知り得た秘密は絶対に守らなければならないという、法律上定められた義務のことである。支援者は、依頼された内容を代筆する過程で、依頼者から知り得た情報を、他に漏らしてはならない。

　近年の個人情報保護法施行により、個人情報の取り扱いに対してひときわ慎重さが求められるようになったと共に、守秘義務違反はより厳重に処罰される傾向へ進んでいる。

　ちなみに、行政書士のように、極めてセンシティブな情報を取り扱うことを業とする場合、守秘義務違反は、1年以下の懲役もしくは100万円以下の罰金に処せられる。また、犯罪処罰だけでなく、懲戒処分事由に該当し、業務禁止の処分を受けることになる。

ずいぶんきびしい罰則が科せられるのね

イ．ついうっかりが、取り返しのつかないことに

　ところで、守秘義務違反というと、なにかとても意図的で悪質な印象であり、自分には関係ないという感覚に陥りがちである。しかし実際は、故意に情報や秘密を漏らす事例はほんの一部であって、たいていの違反は、日常生活の中で、うっかりもしくは無意識のうちに犯してしまうものなのである。

　一度、情報が漏えいするか、秘密が明るみに出てしまうと、もはや元に戻すことは不可能である。依頼者は多大な迷惑をこうむることになるだろう。そして、あなたは支援員として社会的信用を失うだけでなく、時と場合によっては、損害賠償や訴訟等、法的措置の対象となる可能性も否めない。

　あなた一人の過ちが、あなたが支援員として所属する組織全体の責任に発展するということをも念頭に置き、常時意識的に、知り得た情報の取り扱いに注意を払うことが大切である。

ウ．情報の取り扱いには細心の注意を払う

　代筆支援における情報の取り扱いについては以下のようにされたい。

　情報とは、氏名、住所、電話番号、メールアドレス等、個人を特定する情報だけではない。代筆支援を行う過程で依頼者から知り得た情報すべてが当てはまる。

　まず、必要な情報は、依頼者本人から直接提供してもらうようにする。家族だからといって、配偶者や子どもなどから情報を得るのは適切でない。また、情報提供を強要するようなことがあってはならない。代筆支援の過程では、第三者が容易に内容を把握できないよう、周囲の環境に気を配る。

　常に、機密情報を取り扱っているのだという意識をもち、別紙に試し書きやメモ書きをした場合は、すぐに廃棄する。廃棄方法が不適切であると、誰にどこで拾得されるか分からないため、細心の注意が必要だ。廃棄するのが難しい時は、それらを依頼者へ託すことも一つの方法であろう。

エ．代筆支援終了後も注意する

　代筆支援終了後は、どのような人に代筆支援したのか、その支援内容はどうだったのか、電車の中や飲食店等でなにげなく友人との会話に出してしまうことがあっては絶対にならない。帰宅後、家族との団らんの中で、今日の出来事としてそれらの内容を話題にするのも、もちろん立派な守秘義務違反である。Twitterでのつぶやきや、Facebookへの投稿が許されないのは言うまでもない。

　最後に、守秘義務は支援員をしている間だけ課されるものではない。支援員でなくなった場合も、それ以後同様に責任を負うので、十二分に自覚していただきたい。

3-5
メモの書き方・点字の概要

はじめに

　読み書き支援では読むだけではなく、読んだものやその一部分をメモとして残し、手元に置いて、あとで利用できるように要望されるケースもある。利用者自身が点字や録音機でメモを取る場合もあるが、音声や拡大写本などさまざまな方法で必要な部分をメモとして残してほしいと言われることもある。

　交通機関の運賃表や時刻表のように、そのものをすべて読むのではなく、該当する部分だけを抽出して読み、メモするものも多い。その場合には、何よりも利用者の要望を話し合いの中で確認し、その方が求めている必要最小限の情報が何かを見極めることが大切である。その情報を利用者が素早く効率的に得られるように、書かれたものを再構成する場合もある。

　例えば、時刻表を利用したことのない、しかも小さい文字が読めない高齢者から「上野駅を平日の午後発車する東北新幹線に乗り、郡山乗り換えで磐越西線の猪苗代駅に午後5時までに到着したい。」という要望があり、時刻表から必要な情報だけを抜き出してワープロで拡大写本した例（図参照）のように、目的に沿った情報だけを抽出して再構成することもある。

　「都営バスの時刻表がインターネット上に出ていると聞いたが、文花3丁目停留所の浅草行きの時刻表を点訳してほしい」「京成線の牛田駅から日暮里経由で、山手線各駅までの料金表を大きな文字で作成

してほしい」「民謡サークルの会員の住所と電話番号を載せた名簿が以前は見えていたが、視力が落ちて読めなくなったので、拡大写本で大きく書き直してほしい」「来月、盲人協会の新年会で『夢芝居』を歌うことになったので、歌詞を点訳してほしい」「民謡の歌詞がCDを聞いただけではよく分からないので、正しい歌詞を覚えられるようにテープに録音してほしい」など、さまざまな要望が寄せられる。

例えば、鉄道の運賃表の例では、路線の駅の順番にするか、駅名の50音順にするか、判型はどのくらいにするか、家の壁にはっておくのか、いつも持ち歩いて使いたいのかなど、どのような大きさの紙にどのように書いたらその利用目的に沿った読みやすく効率的なものになるかを考慮して相談しながら作成する。

以下にさまざまなメモの方法とその場合にどんなことに気をつければよいかを述べる。

〈ワープロを使った例〉（原資料はA4サイズ）

	列車名	やまびこ137号	やまびこ61号	やまびこ139号	やまびこ63号	やまびこ141号
東北新幹線	発車番線	19	20	20	20	20
	上野	12:14	12:46	13:14	13:46	14:14
	郡山	13:30	13:57	14:29	14:57	15:29
磐越西線	郡山	13:47		14:51		15:45
	猪苗代	14:24（快速）		15:36		16:23（快速）

必要な部分だけをうまく抜きだすのね

ア．音声を録音する

　読んでいる音声そのものを記録して残す方法として、録音がある。何度も聞く必要のあるものは、そのすべて、あるいは必要な部分を録音して残すことができる。録音の方法はさまざまで、カセットテープ、デイジー、ICレコーダー、ボイスレコーダーなど利用者が普段利用している機器で、あとで手軽に聞き返せる方法で録音する。利用者が日ごろ利用している携帯用の録音機器があれば持参してもらうとよいだろう。

　支援者が読んでいる声そのものを録音することもあるが、例えば、読んだものに出てくる住所や電話番号だけを録音しておくなど、多くの場合には必要な部分だけを抽出して録音することになる。

　メモ録音の場合に最も気をつけなければならないのは、再度聞き返して、誤って読んでいないかどうかをチェックすることである。これは録音に限ったことではないが、正確性を期することが何より重要である。そのためには必要な部分を確認して、保存用にあらためて正確に録音する方がよいだろう。

ICレコーダー　　DAISY再生機（録音機能付）　　カセットテープレコーダー

（144ページ参照）

使い方も少しは
わかる方がいいかな

イ. 大きな文字で書く

　弱視者や高齢者の場合、書かれたものそのものでは字が小さくて読めないというケースが多々ある。メモについても同様で利用者が読める大きさの文字で書く必要がある。文字を大きくして残すいくつかの方法を以下に記す。

① 拡大コピーで拡大する

　最近のコピー機の多くは400％まで拡大できるので、コピーで拡大すれば読めるケースも多い。しかし日本語の漢字仮名交じり文に多く使われている明朝（みんちょう）体活字は、縦線が太く、横線が細いため、拡大すると漢字の縦棒は太くはっきりなるが、横棒は細く見にくくなる。そこで漢字の細い横棒だけをフェルトペンなどで太めに補って書くことも行われている。

　大きく拡大すれば、読まなければいけない紙面の面積も大きくなってしまい、周辺視野欠損をともなった弱視者にとってはかえって見づらいものになってしまうので、気をつける必要がある。

（14ページ参照）

細い線を太くするのがポイントね

② スキャナーでパソコンに取り込み、ワープロソフトを使って大きな文字で出力する

　身近にパソコンやスキャナーがあれば、その文書をスキャナーで読み取ってパソコンに取り込むことができる。OCRソフトでテキストファイルにしたものをワープロソフトを使って利用者が読める適切な文字の大きさ、字間、行間でプリントアウトする。

　弱視者にとっては文字の大きさだけではなく、字間・行間・行長も読みやすさの大きな要素なので、最低3種類くらいの見本を1ページ分だけプリントアウトして見てもらい、最も読みやすいものを探って決定する。

　出力する文字は明朝体よりもゴシック体の方が読みやすいといわれてきたが、最近は丸ゴシック体や横太明朝体などさまざまなフォントがワープロソフトに搭載されているので、どのフォントにするか何種類か見てもらって決めるとよいだろう。

　また、一度パソコンに取り込んでおけば必要なときに必要な個所を、ふさわしい文書スタイルで取り出すことができる。

　スキャナーとOCRソフトによる文書の読み込みは、正確性を欠くので十分な校正が欠かせない。また個人的な文書でプライバシーにかかわるようなものは、知り得たことを漏らさないと同時に、パソコンから確実に消去するなどの配慮が必要である。

③ 手書きで文字を大きく書き直す（拡大写本）

　手書きでメモを取る場合にも、どのくらいの大きさの文字、どのくらいの字間、行間、行長などいくつかのパターンを用意しておいて利用者に見てもらい、その中で最も見やすい形を見つけることが肝心である。

　われわれが白紙にメモを取るのとは違って、一定の形式でメモを取るには、あらかじめ文字を書く目安を示した下敷きを作成して白紙の下に敷いて書く。下敷きは、可能なら何種類か用意して持っていると便利だが、方眼紙を用意して、その場で作成することもできる。利用者と相談しながら、字の大きさ、字と字の間隔、行の長さ、行と行の間隔、縦書きにするか横書きにするかなどを決めて、方眼紙のけい線に沿って定規で線を書き、下敷きを作成する。弱視の方にどのくらいの文字なら見えるのか伺うと「2センチくらいの大きさの文字なら読める」などという返答が返ってくるが、正確な読みやすい字で書くと、多くの場合その半分くらいの字の大きさでも読めることが多い。拡大写本の文字は、その人の見える範囲の中で一番小さな文字で書くことが、読む効率を上げることにもなる。

　手書きで文字を大きく書く場合、何よりも文字を正確に分かりやすく書くことが求められる。達筆であることよりも文字の大きさや字体を一定にし、文字を構成する各線と空間（文字のフトコロという）のバランスをよくとり、一点一画が正しく認識できるように書く。筆記用具は濃い黒で、文字を構成する各線が一定の太さになる事が望ましい。カナや数字および画数の少ない漢字は太い筆記用具、画数の多い漢字は細い筆記用具など、文字によって太さを替えられればそれに越したことはない。顔料製の水性フェルトペンや油性フェルトペンなどで、太字・中字・細字などの種類があるものを用意するとよいだろう。

■拡大写本見本（右ページ）

　下敷きを目安に文字を書いた例。

　下敷きのワクに当てはめて文字を書いたもの。実際に書くのは文字のみで、下敷きのワクは白紙の下にあって、文字を書く目安を表す。

　右上の「源氏物語１」の下敷きは、原稿用紙のように文字と文字との間にスペースが取ってあり、漢字は下敷きのワク一杯に書いた。

　左上の「源氏物語２」は、下敷きのワクに十字線を入れて、漢字を書くときに、上下左右のバランスを取りやすくした。句読点などは半文字分のスペースに収め、１行に入る文字数が少しでも多くなるように工夫している。そのことにより多少なりとも効率的に読める。

　下の例は横書きの下敷きの文字１マス分を３等分して線を入れ、仮名文字や句読点などは３分の２の大きさで書くことによって、文中の漢字が目立つように書いた例。漢字に対して仮名は複雑ではないので、小さくても識別しやすく、漢字仮名交じり文では文意の主たる意味を漢字が担っているなどの理由でこのような書き方を試みた。また１行に文字が多く入るので、効率的であると同時に、狭い視野の弱視者にとっても視野に多くの文字が入り読みやすいものとなる。

下敷きのワクは利用者が読みやすい文字の大きさに合わせて作ればいいね

うまい字よりも読みやすい字がだいじですね

3　書き（代筆）および支援に必要な知識

下敷きの線と上の紙に書いた文字を一緒に表している。実際は別。

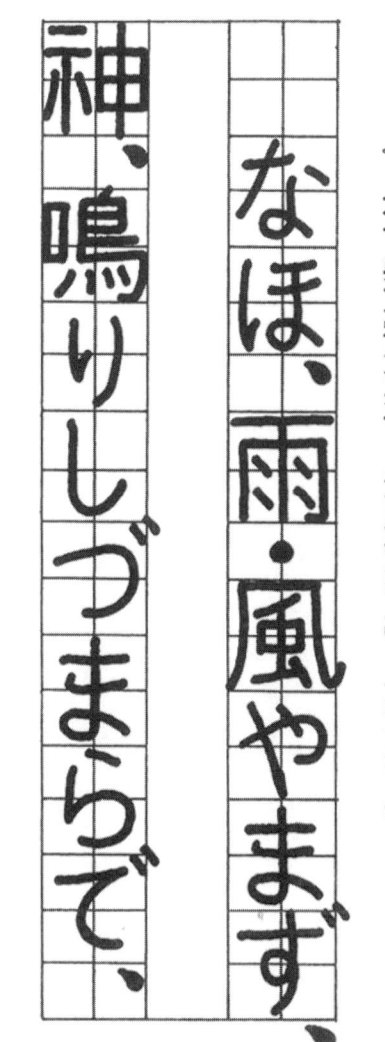

『日本古典文学大系14　源氏物語一』（岩波書店）より

いづれの御時にか。女御・更衣あまたさぶらひ給ひけるなかに、

句読点を半マスで処理している。
『日本古典文学大系15　源氏物語二』（岩波書店）より

なほ、雨・風やまず、神、鳴りしづまらで、

山は山岳と同じく総名である。登山といい，山岳会という

マスを縦に3等分し漢字3、かなと句読点2の割合で書いたもの。『世界大百科事典22』（平凡社）「やま」の項より

ウ．点字によるメモ

　点字で読み書きしている視覚障害者はおよそ３万人近くいると推計されている。読むことの支援は音声によって読むことだけを指すわけではなく、必要に応じて書かれたものを利用者が読めるように拡大したり、点訳したりすることも含んでいる。

　最近はインターネット上の情報をテキストファイルとしてパソコンに取り込み、それを自動点訳ソフトで点訳してプリントアウトすることも可能となった。点字が手で書かれていた時代は、点訳にとても時間がかかり、早急に必要なものは録音で、といわれていたが、最近はパソコンと自動点訳ソフトの普及で、録音よりも早く点字で情報を提供できるようになった。

　もちろん、そのためにはパソコンと自動点訳ソフトと点字プリンターが必要だが、地域の福祉施設や図書館などでは、その３種を備えているところも増えてきている。

　可能なら、読んでほしいという文書の必要な個所を点字で提供できればよいだろう。その場合、やはり点字の知識が必要とされる。もし点字の知識を持った人が身近にいれば、支援を受けることを勧めるが、利用者が点字使用者であれば、その利用者こそ点字の知識を持った人と言えるので、率直に協力を求めたい。

　OCRの読み取りの精度は完ぺきではないので、テキスト化の前に校正が不可欠である。特に自動点訳ソフトは人名・地名など固有名詞の読みが苦手なので、正しく点訳できているかどうかを確認する必要がある。自動点訳ソフトでは、画面上に表示された点字を仮名文字としても見ることができるので、それを見ながら校正できる。

　点字使用者は携帯用の点字定規や、ブレイルメモ（点字電子手帳）

といって点字の入出力ができる小型の機器でメモを取る人も増えている。その場合には必要な部分を利用者が点字を打つスピードに合わせてその情報を伝えていけばよい。

　いずれにせよ、読み書きを支援する者は、点字の基本を理解し、点字の五十音くらいは点字一覧表を見てでも分かるようにしておきたい。

　読み書き支援では点字で書かれたものを墨字に直す墨字訳をしてほしいという要望も多く寄せられる。短い文であれば点字一覧表を見ながら、あるいはその点字を利用者に読んでもらいながら文字に起こしていくことが可能だが、長い文章や手紙などは点字の知識を持った人に支援を求めた方がよいだろう。

　点字の墨字訳の場合には仮名表記である点字を漢字仮名交じり文に直すので漢字にするか仮名にするかなどの書記情報を相談しながら書く必要がある。また代筆する文字は拡大写本の文字のように一点一画をしっかりと書き、読んだ人が他の字と読み誤らないように、また相手が受け取ったときに不快な感じを抱かないように、きれいに丁寧に書く必要がある。

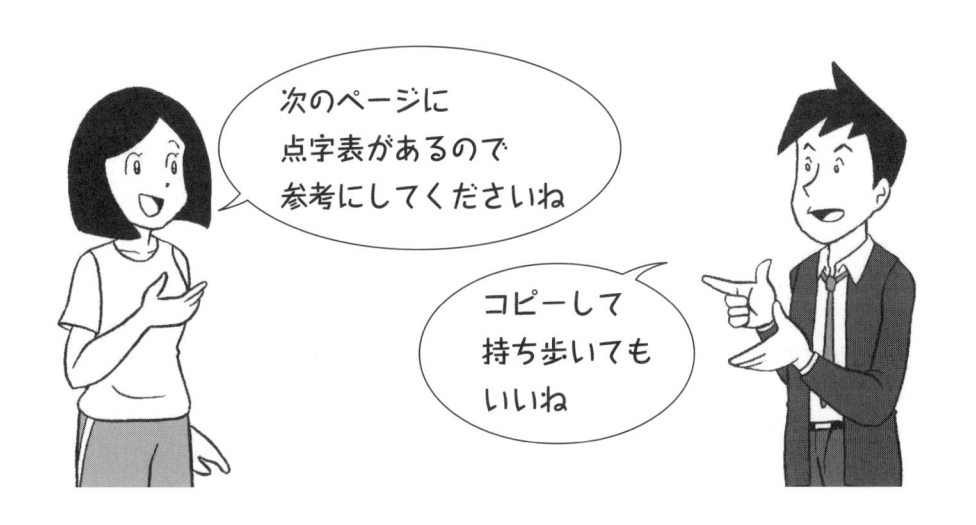

次のページに点字表があるので参考にしてくださいね

コピーして持ち歩いてもいいね

主な点字の一覧表

（左 → 読む凸の点字）

主な点字の一覧表
（点字器で書く凹の点字 ← 右）

一マスの点の番号
④①
⑤②
⑥③

（50音）

（拗半濁音　拗濁音　拗音）　　（半濁音　濁音）

あ　い　う　え　お
か　き　く　け　こ
さ　し　す　せ　そ
た　ち　つ　て　と
な　に　ぬ　ね　の
は　ひ　ふ　へ　ほ
ま　み　む　め　も
や　　ゆ　　よ
ら　り　る　れ　ろ
わ　ゐ　　ゑ　を
ん　ー　っ

きゃ　きゅ　きょ
しゃ　しゅ　しょ
ちゃ　ちゅ　ちょ
にゃ　にゅ　にょ
ひゃ　ひゅ　ひょ
みゃ　みゅ　みょ
りゃ　りゅ　りょ
ぎゃ　ぎゅ　ぎょ
じゃ　じゅ　じょ
ぢゃ　ぢゅ　ぢょ
びゃ　びゅ　びょ
ぴゃ　ぴゅ　ぴょ

が　ぎ　ぐ　げ　ご
ざ　じ　ず　ぜ　ぞ
だ　ぢ　づ　で　ど
ば　び　ぶ　べ　ぼ
ぱ　ぴ　ぷ　ぺ　ぽ

〈特殊音と句読点・記号〉

スィ　ズィ　ティ　ディ
イェ　キェ　シェ　ジェ　チェ　ニェ
　　　　ヒェ　　　ウィ　ウェ　ウォ
ツァ　ツィ　ツェ　ツォ　トゥ　ドゥ
グァ　グィ　グェ　グォ
ヴァ　ヴィ　ヴェ　ヴォ　ヴ
クァ　クィ　クェ　クォ
ファ　フィ　フェ　フォ
テュ　デュ　フュ　ヴュ　フョ　ヴョ

＊　！　？　。　、　・

アドレス　外国語引用符　((　))　(　)　『　』　「　」　…　～　—　つなぎ符

二重大文字符　大文字符　位取り点　小数点　0 9 8 7 6 5 4 3 2 1　数符 〈数字〉

z y x w v u　t s r q p o n m l k　j i h g f e d c b a　外字符 〈アルファベット〉

エ．漢字や点字の仮名振り

　十分な教育を受けられなかった人や学習障害、また日本手話を母語としている聴覚障害の人の中には漢字を読むのが苦手な人がいる。そうした漢字を読むのが苦手な人が読めるように文書に出てくる漢字に振り仮名を書いていくという支援もある。

　また点字で書かれた文書に仮名を振っていくことで、点字を読めない人に点字の文書が読めるようにすることも行われている。このような点字の仮名振りや墨字訳は点字を読めない多くの人への読む支援になるのである。

高齢者と障害者のための
読み書き支援

④

読み書きの支援者と多様な支援

4-1
図書館などでの読み書き支援者

はじめに

　かつて日本の識字率は100％といわれていたことがある。1964年のユネスコの調査に対して当時の文部省は「日本では、識字問題は完全に解決済みである。」と回答している。しかし1955年に同じく文部省が関東と東北の15歳から24歳までの青年に対して行った調査では「読み書き能力がなく、日常生活に支障があると認められるもの」が、関東で9.5％、東北では15.7％もいるという結果が出ている。(1)

　また文部科学省の「学校基本調査」によれば平成14年の就学猶予、就学免除の児童・生徒数は計1998名、10年後の平成24年は2392名で、年々増加している。この数を9学年で割ると毎年266名が入学せず、学校で読み書きを習得していないことになる。さらに不登校の子どもの数は平成20年では小学生で22625名、中学生で104153名にも上る。

日本では、識字率は100％だと思っていました

読み書きを習っていない人が、今でも少なからずいるということですね

1990年の国際識字年を経て、日本にも文字の読み書きが困難で日常生活上支障を来す人が相当数いることが顕在化してきた。にもかかわらずいまだに図書館をはじめとした多くの公的施設は、文字の読み書きができることを前提に成り立っていると言わざるを得ない。

　ユネスコの公共図書館宣言（1994年）では、公共図書館の使命のなかに「あらゆる年齢層の人々のための識字活動とその計画を援助し、かつ、それに参加し、必要があれば、こうした活動を発足させる。」という項目を加えている。日本の公立図書館をはじめとする公的な施設が文字の読み書きのできる人だけを対象にサービスを展開していくのか、読み書きが困難な人の存在を認識してサービスを展開できるか、あらゆる文字情報について可能な限り支援を行えるのかどうかが問われている。

　読み書きに困難を抱えている人は何も視覚障害者や高齢者だけではなく、点字の読めない人は点字の資料や手紙を読む上で障害を持っているのであり、それを読めるようにすることも公共図書館の役割として位置づけられるだろう。つまり読み書き支援はすべての人にかかわるサービスなのである。

ア．対面朗読や宅配の中で行われる読み書き支援の実際

　図書館での読み書き支援の多くは対面朗読(対面音訳)や宅配の中で行われている。ある本を読んでほしいと対面朗読の依頼があり、対面朗読を始めようとすると、「ちょっとその前にこれを読んでもらえますか」と、郵便物などを差し出されることも多い。宅配のおりに、1週間分のポストに入っていた郵便やチラシの処理をする事もある。

　このように日常生活上舞い込んでくるさまざまな墨字情報を種分けして必要な情報を得るために、図書館を利用している人が相当数おられる。中でも視覚障害者で一人暮らしをしている方の利用が多い。

　国立国会図書館が行った全国調査(2)によると、対面朗読を実施していると回答した公立図書館は1503館中591館と4割以下であり、しかも実際に利用があった図書館(実績館)は287館と、その半数に満たない現状である。対面朗読を行っている者は職員が65館、図書館協力者が135館、個人登録のボランティア57館、図書館に登録したグループのメンバー144館、その他37館となっている。

　このことから多くの図書館では図書館にかかわる図書館協力者やボランティアなどが対面朗読を行っていることが分かる。対面朗読を利用している利用者は圧倒的に視覚障害者(278館)ではあるが、そのほかに肢体不自由者が7館、施設入所者が6館、高齢者が5館、聴覚障害者が4館、知的障害者・入院患者・在宅療養者がそれぞれ2館、精神障害者が1館となっており少ないながらもさまざまな障害者からの潜在的な要望のあることが分かる。

　読み書き支援にかかわる対面朗読の対象資料についての回答では、図書館資料(相互貸借を含む)が512館、持参資料(図書館資料になりうるもの)が375館、持参資料(取扱説明書・パンフレットなど)

が278館、私的な文書(手紙など)が177館と半数近くがパンフレットなどの持参資料を、3割近くの図書館が私文書を対面朗読で読んでいることが分かる。この結果は、私文書などを読んでほしいという利用者の要望が強いことを表しているだろう。

一方、自宅に資料を届ける宅配実施館は353館、23.5％（実績館は226館）と4分の1以下だが、宅配のおりに私文書を読むケースも多いのではないかと思われる。ただし、利用者の自宅で対面朗読を行っていると回答した図書館はわずか17館にすぎない。こうした実情からも公立図書館への読み書き支援の要望は強いにもかかわらず、すべての図書館でサービスを実施するには至っておらず、今後の課題であることが分かる。

対面朗読サービスは読むことに困難を抱えるさまざまな利用者にとって画期的なサービスであり、視覚障害者をはじめ高齢者や知的障害者等々が利用可能である。日本手話を母語とする聴覚障害者からは本や資料を対面手話で提供してほしいという要望も出されており、対面朗読（対面音訳）や対面手話などのサービスを図書館の基本的なサービスとして位置づける必要があるだろう。

また書くことの支援は非常に遅れていると言わねばならないが、この調査で「蔵書にしない資料の製作の実施状況（個人利用者へのプライベート製作など）」という設問に対して、音訳が119館、点訳が44館、文字の拡大が10館、墨字訳（代筆）が15館となっており、わずかながら代筆を行っている図書館があることが分かる。（実施していないと回答したは184館）

イ、読み書き支援にかかわるある事例

　新設された図書館に障害者サービスルームができた。

　ある日その部屋を利用したいという要望を受けた。利用者は、愛の手帳2度(重度)の方で、ケアサービスの事業所のガイドヘルパーの方と一緒に初めて来館したが、二人で会話を交えながら雑誌などを利用する場所がないので、この部屋を貸してほしいという。

　愛の手帳の2度というのは「知能指数(IQ)がおおむね20から34で、社会生活をするには、個別的な援助が必要となります。例えば、読み書きや計算は不得手ですが、単純な会話はできます。生活習慣になっていることであれば、言葉での指示を理解し、ごく身近なことについては、身振りや2語文程度の短い言葉で自ら表現することができます。日常生活では、個別的援助を必要とすることが多くなります。」(3)という。言葉によるコミュニケーションは困難で、一人で図書館を訪れることも困難であろうと思われた。

　部屋に行ってみると、東京スカイツリーの出ている本の写真をガイドヘルパーと一緒に見ておられた。猫が好きだと聞いたので、動物の出てくるマルチメディアDAISY図書とパソコンをその部屋に持ち込んで見ていただいた。自力での読み書きはとても無理だが、介助者がいれば図書館まで来て資料を楽しむことができるのだ。

　スウェーデンでは、自発的に図書や新聞を要求することはまずない知的障害や認知障害のある人と、一緒に図書館に出向いて本の読み聞かせなどを行う読書指導員がいるという。(4)

　日本の公立図書館においても、ガイドヘルパーの組織などと協力したり、専門の読み書き支援員を公的施設に配置したり、支援員を養成してガイドヘルパーのように派遣するなどの方策が求められる。

（１）『国民の読み書き能力』（文部省　1961）
（２）国立国会図書館「平成 22 年度　公共図書館における障害者サービスに関する調査研究」（http://current.ndl.go.jp/FY2010_research）
（３）東京都福祉保健局東京都心身障害者福祉センターのホームページより
（http://www.fukushihoken.metro.tokyo.jp/shinsho/a_techou/）
（４）『読みやすい図書のための IFLA 指針（ガイドライン）』（野村美佐子、ギッダ・スカット・ニールセン、ブロール・トロンバッケ編　日本障害者リハビリテーション協会訳　日本図書館協会　2012）

> 日本でも、図書館に北欧のような読書指導員が導入されるといいのに

4-2
在宅訪問での読み書き支援者

ア．在宅情報支援をだれが担うのか

　在宅読み書き支援の担い手としては、現在は福祉関係の訪問介護の支援者やホームヘルパーなどがごく狭い範囲の情報伝達に当たってきている。しかし、これらの派遣は要介護度や要支援度によって決められており、その程度が低いと対象にならない。保健師や民生委員などの制度もあるが、情報支援の面ではほとんど機能していない。そのため、これらの福祉の対象にならない圧倒的多数の人たちに何の支援もないことはいうまでもなく、対象者であっても多くの必要な情報入手にはほとんど対応できていない。

　このように、在宅での読み書き支援を必要とする多数の人たちへの情報支援を行う新たな取り組みが切望されている。

　視覚障害者への支援である外出・移動支援については、総合福祉法の中で「同行援護」として義務づけられ「移動に伴う情報支援」が明記されたものの、出掛けることもしにくい多数の在宅情報支援対象者には無関係であり、その内容も限定されている上に、同行援護事業者がなく、同事業が実施されていない自治体が多く存在している。

（94 ページ参照）

> 在宅訪問での読み書き支援というのは、一人暮らしのお年寄りが増えているので、ますます必要になってくるでしょうね

イ．情報支援が保障されない中でのボランティア

　在宅読み書き支援は、それを必要とする人たちにとって不可欠なものであり、情報支援として保障されなければならない。しかし現状は理想とはほど遠い。今現在困っている人たちのために、何らかの早急な手段が講じられる必要がある。

　福祉関係では、点字図書館や社会福祉協議会などの一部では在宅支援も行われている。しかし、その活動は正式な制度もない中で行われており、資金も不足して事業が安定してはいない。十分な情報保障の担い手となるにはほど遠いのが現状である。

　そのような中で、在宅読み書き支援の担い手として大きな可能性があるのは、各地に点在している朗読・音訳ボランティアである。もちろんその活動の主体は自発的に始められている朗読・音訳活動であり、存在する地域も偏在している。しかし、違いはあっても、さまざまな資料を読み、読む技術の研さんを積んでおり、全国的に千を数える団体があり、数万ものボランティアが存在すると言われている。

　これらの大多数の団体は、広報や本などの資料の朗読をしてCDやテープに録音するなどの活動をしているのであって、在宅の情報支援とはかけ離れた存在である。そのため、そのまますぐに在宅読み書き支援の担い手となれるわけではない。

数万人の音訳ボランティアの人たちが協力してくれたら助かりますね

ウ．音訳ボランティアが在宅の読み書き支援者になれるか

　朗読・音訳ボランティアが在宅読み書き支援を行うにはいくつもの壁がある。最も大きいのは、必要な人たちとボランティアが全くむすびついていないことである。情報支援をあきらめている大多数の人たちのニーズの掘り起こしをだれがどのようにするのか、というところから始めないといけない。朗読・音訳ボランティアに対応をお願いしても、関心のありそうな人たちすら少ないのが現状である。（36ページ参照）

　しかし、各地域での地道な取り組みが続けられれば、少しずつ広がっていく可能性はある。現に、地域の視覚障害者団体の取り組みの中で在宅点字指導の事業として情報支援が行われている例もある。被災地で個人的にではあるが、仮設住宅をときどき訪れる中で、ほそぼそと読みの支援が始まった例もある。

> 支援をしたい人と支援を受ければより生活が良くなる人を結びつけることですね

> 各地のボランティア団体などが地道に道筋を付け始めていますよ

> 私も負けないでがんばります

エ．地域の在宅読み書き支援を推し進めるために

　在宅情報支援の最大のネックは、情報支援を必要としているはずの人たちが声をあげていないことだと言われている。しかし、在宅情報支援を必要としているはずのおおぜいの人たちは声をあげることすらできないことは既に述べた。そうであるのなら、そのようなつながりのある人々が代弁して大きな声をあげなければならない。

　そして、そのような人たちを見つけ出し「あなたはこのような支援を受ければ、生活が少しでもよくなる」と説得していくことから始まるのである。このようなニーズの掘り起こしは、ご家族への理解や、情報とは関係がないと思われているさまざまな支援者・関係者などに広報していくことが必要である。いかにして本人にも自分のニーズに気づいてもらい、情報支援のあることを伝えて声をあげる側に回っていただくか、取り組みの進展が求められている。

　一方、支援側も、車など訪問手段の確保、女性一人での居宅訪問支援に対する配慮や対策、支援の組織をどのように作るのか、訪問者の研修はどのように行うのか、どの団体がどのようにコーディネートを行うのかなど、問題は山積している。

　それらの取り組みを始めるのは、福祉団体であっても、情報支援団体であっても、法人でもボランティア団体でもよい。各地域でできるところから始めることである。（36ページ参照）

4-3
同行援護・意思疎通支援事業における読み書き支援者

はじめに

　人は視覚から情報の8割を収集しているといわれている。これは、文字の読み書きだけではなく環境や物体の認知も視覚から入手して判断・行動をすることも含んでいる。

　同行援護従業者とは、視覚からの情報収集が困難な視覚障害者の目の代わりとなり、移動や情報支援を行う人たちを言う。

ア．同行援護とは

　視覚障害者の外出は、昭和49年からガイドヘルパー制度により「安心」「安全」な移動支援を行っていた。平成23年から従来の移動支援事業に加え新たに自立支援給付事業に位置づけられた個別給付制度で「視覚障害により、移動に著しい困難を有する障害者等につき、外出時において、当該障害者等に同行して行う移動の援護、排泄及び食事等の介護その他の当該障害者が外出する際に必要な援助」と規定し、従来のガイドヘルパーが行っていた外出時の「移動支援」に加えて、「代筆・代読等の視覚的情報支援」「身体介護」が新たに加わった。

代読・代筆が加わったことで、より幅広い支援が可能になりました

イ．同行援護のサービス内容

　同行援護従業者は、視覚障害者が日常生活や余暇、社会参加等を行う際、移動中や目的地で生じるさまざまな事象に対して視覚障害者の目の代わりとなり、「安心」「安全」「快適」な外出を実現するために「行動」「状況説明」「文字情報」等必要な支援を行う。

　情報伝達の際は、視覚障害者が自ら判断できるよう以下の点に注意する必要がある。

　＊見た目の情報を、理解しやすい言葉で伝える。

　＊「あっち」「こっち」の指示語は使わず、「前後左右」「〇時の方向」等、把握しやすい具体的な言葉を使う。

　＊主観的・感情的にならず、目からの情報を客観的に伝える。

① 行動支援

　移動時において「行動の変化」や「環境の変化」が伴うときに、その視覚的情報を言葉で説明し、必要な対応ができるよう支援することが必要である。

　行動変化の例：「右に曲がる」行動を伝える場合は、口頭で「右に曲がります」と伝えるだけでなく、歩くスピードを緩めながら（またはいったん立ち止まり）曲がることが体で感じる行動をとる。すなわち、言葉だけではなく体全体による情報伝達が必要である。

　環境変化の例：「階段」等、注意が必要な環境においては、いったん立ち止まり環境が変わる場所であることを伝える。その際、「階段です」だけでは不十分で、危険の回避と次への行動で大切になる「上り」「下り」を伝えることが大切である。

つまり、私たちが日ごろ階段において視覚から必要な情報として入手している、「上りか下りか」「段の始まる位置」「手すりの有無」を言葉で伝え確認してもらうことが大切である。
　「階段の段数」は基本的には伝えなくてもよく、階段が終わった時点で「終わりです。」とか「踊り場です。」等を伝えることが重要である。なお、「およそ10段ほど下ります」「3段上りますよ」などという情報は、行動の判断情報としての目安になる。

② 状況説明

　移動時等において「風景」や「状況」の視覚的情報を言葉で説明することは、必須ではなくても、快適な移動および状況把握や必要な動きが行えるようにするために必要なことである。
　風景説明の例：快適な外出のために、四季が感じられるような草木等の視覚的情報を伝えたり、視覚障害者が環境を認知するために必要な建物や歩道の視覚障害者用誘導ブロックの有無等の情報を伝えたりする。
　状況説明の例：会場の配置や参加者状況を伝えたり、買い物時の商品説明、バスなど交通機関の込み具合等、視覚で把握できる状況を伝えたりする。周囲の状況説明を行うことで視覚障害者はその環境に配慮した行動や判断ができる。

③ **文字情報支援**

　移動時等において看板等の視覚的情報を言葉で説明し情報伝達や環境認知を促したり、買い物時の判断基準となる値段や賞味期限等の文字情報の伝達、目的地においての代読による情報伝達や代筆を行ったりすることが必要である。

ウ．同行援護時の代読・代筆

　同行援護従業者は、外出先において代読・代筆などのコミュニケーション支援を行う。したがって、読み書きの際に必要なペンや補助具（老眼鏡）は、必ず携帯する。

① 代読

　チラシや会議資料、取扱説明書、メニュー、観光地の案内表示など幅広い内容の文字表示を、視覚障害者に口述で伝えることになるが、上手に読もうとしたり勝手な解釈や感情を入れて読んだりするのではなく、書いてある内容を正しく、聞き取りやすく、丁寧に読むことが大切である。（38ページ参照）

　代読の際に気をつける点は、以下のとおりである。

　　a．まずはじめに、どのような文字情報か視覚障害者に伝え、読む必要があるかどうかを選択してもらう。

　　b．読む前に、全体に目を通してから、文字情報の構成やポイントを把握する。

　　c．タイトルなどの大枠から項目、内容へと読むのが普通であるが、内容によって、視覚障害者に確認しながら読む場所を選択したり、「何が」「いつ」「どこで」等のポイント読みをしたりする。

　　d．地名や人名等の固有名詞は大切な情報である。分からない場合は、漢字の説明で伝えるか、必要に応じて携帯電話等で調べて伝える。（例：地名「城辺」。愛媛県と沖縄県での読み方は？）

　　e．同音異義語で誤解を招きそうな言葉は、説明を加えるか漢字等の説明を行う。

　（例：「夏眠する魚がいます。」そのまま読むと「かみん（仮眠）す

る魚がいます。」と間違って解釈される。
「かみんする魚がいます。≪かみんは 冬眠の反対で なつ ねむると書いています≫」などの説明を加えることが必要である。)

　　f．点字を読めない視覚障害者から点字を読むことを求められることがある。タイトルを読む程度なら、必要に応じて点字50音表等で読解できるようにする。しかし、数行以上におよびきちんと読む必要のあるものは、点字図書館等に支援を求める方がよい。

　　g．車内や講演会場など、周囲に配慮が必要な場所では、声の大きさとわかりやすさに気配りして読む。

読めない地名もありますよね

ご本人に地名の漢字を伝えると、地元の方ではご存知のことがあります

同音異義語もやっかいですね

そのまま読むだけでなく、説明を付け加えることが必要ですね

② **代筆**

　アンケートや申込書、各窓口での申請書、冠婚葬祭時の記帳など視覚障害者に代わって書くことが必要な場合がある。その際は、楷書（かいしょ）で丁寧に書き、誤字・脱字がないように細心の注意を払う。

　代筆の際に留意する点は次のとおりである。（54、58ページ参照）

　　a．まずはじめに何を書くかを伝え、視覚障害者に代筆の了承を得る。

　　b．書く前に全体に目を通してからどのような事項を記入するか、何項目あるかなどを視覚障害者に伝える。

　　c．本人から聞き取りながら記入をするが、個人情報に注意を払い、声の大きさ等に配慮する。

　　d．住所・氏名が記載されている身体障害者手帳や名刺等を準備していると記載時には便利である。その際、今何を書いているかの進ちょく状況が分かるよう、項目などを伝えながら書くとよい。

　　e．医療機関の問診票の場合、必要のない項目がある場合はその項目をとばす旨も伝える。答えにくい内容については、医療スタッフに依頼する。

　　f．クレジットカード申請書その他、自筆サインが必要な書類の場合、視覚障害者が記載可能な場合は、サインガイド等で書く欄を示したり助言したりして支援する。（62ページ参照）

　　g．同行援護時の代筆は、本人の同意を得た上で本人に代わって記載する行為であり、公的機関の書類にある「代理人」ではないことに留意する。また、権利書や契約書等、行政書士法等で定められている書類については、弁護士や司法書士が行わなければならないので、注意する。（56ページ参照）

4 読み書きの支援者と多様な支援

59ページのウも参考にしてくださいね

その書類を書くために必要なものを全部そろえないといけません

途中で書けなくなったらどうしよう

最初に、どんな項目があるかを読んで、全部書けるかどうかを聞いておけば大丈夫ですね

＜例：右ページの「問診票」の代筆＞

①「問診票がありますので、聞きながら記入します。」と、問診票を代筆する旨を伝え了承を得る。

② 氏名、生年月日、住所、電話番号を記載する欄があることを伝える。声の大きさに配慮して聞きとり、記入する。

③「設問は７項目です」と伝える。

④「眼の症状はいかがですか？」の項目は、視覚障害者に該当しない項目もあるので、初めから全部読むのではなく、「今日はどのような症状で来たのでしたか？」と問いかけて確認し、回答に該当する項目があれば「それでは〇〇（項目名）をマルで囲みます。」と確認しながら記入を進めると効率的である。

⑤「かかったことのある病気がありますか？」の項目については、まず、「これから病気の名前を読み上げます。該当する病名があった場合は教えてください。」と言ってから、「高血圧、心臓病、・・・」のように、読み方を工夫すると分かりやすい。

　視覚障害者が、煩わしさや不安を感じないように、全体でどのくらいの記入内容があるのかを事前に分かりやすく伝えることと、答えやすいよう、記入ミスを少なくするために、設問の読み方を工夫することが必要である。

「長くかかるときは、途中で、今どのあたりまで書けているか、教えてあげるといいですね」

問 診 票

　　ふりがな　　　　　男　　明・大・昭・平（　才）
○名　前＿＿＿＿＿＿女　◎生年月日　年　月　日
○住　所　〒＿＿＿＿＿＿＿＿＿＿＿＿＿
○電話番号　自　宅（　　）　－
　　　　　　勤務先（　　）　－

○眼の症状はいかがですか？（該当するものに○を）
・見えにくい　　　　・ぼやけてみえる　・二重にみえる
・虫が飛んでみえる　・目やにがでる　　・目がかゆい
・充血する　　　　　・涙がでる　　　　・目が痛い
・障害者手帳　　　　・メガネ希望　　　・コンタクト希望
・その他（　　　　　　　　　　　　）
○いつごろからですか？（　　　　　　　　　　）
○どちらの眼がひどいのでしょう。（　右　左　両方　）
○今までに眼の手術を受けたことがありますか？
　　なし　　あり（白内障　　　　　　　　　　　）
○かかったことのある病気がありますか？
　なし　高血圧　心臓病　糖尿病　肝炎　腎臓病　結核　精神障害
○アレルギー体質ですか？
　問題なし　喘息　アレルギー性鼻炎　蕁麻疹　薬疹　ショック
　アトピー性皮膚炎　その他（　　　　　　　　　）
○その他、希望事項があれば書いてください。

4-4
介護職員等の読み書き支援者

ア．入所・通所施設職員等の読み書き支援

① 同行援護

　平成23年10月1日から施行された「同行援護」の制度も次第に広がりつつある。各事業所の開設から従業者の養成など、全国的に視覚障害者支援への取り組みが進んでいる中、とりわけ読み書き支援への要望は極めて重要性を増していると言える。

　事業関係者は承知のことであるが、制度としてのサービス内容には「移動時およびそれに伴う外出先において必要な視覚的情報の提供（代筆・代読を含む）」と書かれている。屋内での代筆・代読は認められていないのである。（94ページ参照）

② 入所・通所施設内における読み書き支援の必要性

　盲老人ホームや障害者グループホームなどの入所施設、あるいは障害者デイサービスセンターなどの通所施設、いずれも生活拠点としての屋内における代読・代筆の必要性は障害者のみならず高齢者にとっても重要なことは言うまでもない。

　このような、読み書き支援の情報提供の役割を担っているのがほとんどの場合、入所・通所施設の職員である。

イ．同行援護従業者養成講習会の活用

＊代読・代筆の基礎知識の講習

　入所・通所施設において視覚障害者などへ読み書き支援を行う施設などの職員にその基礎知識がない場合、入所者や利用者に情報がうまく伝わらないケースが多いのは事実である。一言で読み書き支援と言っても、多くの情報の中から必要なものを取捨選択する情報処理能力や、要約して伝える理解力や表現力などさまざまな素養が必要になってくるのである。

　例えば、山口県では、視覚障害者への情報提供の役割を担う点字図書館（情報提供施設）職員はもちろん、養護盲老人ホームの生活相談員や介護職、事務職員等が職務内容にかかわらず同行援護従業者養成講習会を受講している。こうした積極的な取り組みの背景には、本来の業務に加えて読み書き支援の必要性が実際の視覚障害者の生活の中で重要だと強く感じられるからである。

　従来のガイドヘルパー資格を持つ職員も同様、「代読・代筆の基礎知識」の講義が加わった新制度での講習会を受講することで、現在のニーズに合ったコミュニケーション支援を行っていかなくてはならないと考える。

　また、職員のみならず音訳・点訳ボランティアの方などにも、その知識や経験を活かして積極的な講習会への受講を呼び掛けて、施設で行われる行事等への参加にも多くのボランティアの方々にご協力いただけるようにすることも必要である。

ウ．入所・通所施設内における代読・代筆の内容

① 郵便物など届いた書類

　施設内で郵便物が個人（入所者・利用者）あてに届いた時は、本人に必要なものや関心のあるものを代読者はよく理解することが大切である。

　まず、誰から届いているのか、役所や会社名、団体名などを伝える。本人が代読してほしいものだけを選択してもらい、どのような内容なのかをできるだけ簡潔に分かりやすく伝える。方法としては、大きな項目だけを読みその中で必要な部分を抜粋して詳しく読むのか、すべて読み上げる方が良いのか、確認して代読を始める。読み終わった文書は、必要のないものは破棄するのか、また保管する場合は本人がわかるようにしておくことも必要である。個人情報の記載があるものについては意思確認の後、守秘義務に配慮して処分することも忘れてはならない。

② 代筆

　代筆者は必要事項を書類に書き込む際、代筆する内容を本人によく確認し誤字、脱字のないよう丁寧に書くように心掛けることが大切である。年賀状や手紙などは本人の人格にかかわることであり、代筆者の資質も問われるので注意が必要である。相手先に伝える必要な情報を適切な表現で、十分理解できるように工夫して書くことが望ましい。

　アンケートやその他記入事項などの場合、一項目ずつ本人に確認しながら記入し、最後に代筆者として署名する。

　同室者がいる際は、別室を利用するなどプライバシーに配慮したい。

③ クラブ活動など

　施設においてはさまざまなクラブ活動が行われているが、盲老人ホームでも俳句・詩吟・生花・カラオケ・ＳＴＴ（サウンドテーブルテニス＝卓球）・オセロなど多種にわたって実施されている。クラブ活動においても読み書き支援は重要なサービスである。

　俳句では、利用者が作った句を職員が代筆し講師に添削してもらう。俳句の基本的な知識はもちろん、漢字一つ、一字の違いで全く違う意味の句になりかねないので、不明瞭な時は辞書等で調べながら誤りのないように、本人の考えたイメージを損なわないよう代筆することが大切である。

　カラオケの歌詞を点字で書いたり、テープに吹き込んだりする際、点訳や音訳の基礎知識が必要である。施設内の職員も点字の基礎を学び、このようなコミュニケーション支援に対応できるよう取り組んでいる。

（社会生活に必要なものから、趣味や娯楽にいたるまで、さまざまな読み書き支援が必要になってくるんですね）

（支援員自身にもさまざまな知識や教養が求められてくるということですかね）

（ぼくはカラオケが得意だから大丈夫！）

（・・・・・）

④ 食事の献立

　盲老人ホームなどでは栄養士が作成する献立については、週または月ごとにメニュー表を食堂の入り口に拡大文字と点字で掲示するようにしている。必要があれば個人にも介護職員が献立を代読し、メニューが分かりにくい場合などは栄養士に確認するなどして材料や味付けなどを説明することもある。

⑤ 選挙関係

　国政関係の選挙では、日本盲人福祉委員会や日本盲人会連合、日本盲人社会福祉施設協議会で組織する「視覚障害者選挙情報支援プロジェクト」によって、点字版・音声版・拡大文字版の3種類による全文選挙公報が発行されている。

　各施設にもそれぞれ配布され、入所者全員が周知できるよう配慮し不在者投票も実施されている。特に盲老人ホームでは点字投票をはじめ、自分で投票することが困難な入所者には施設長をはじめ複数の職員立ち会いのもと代理投票が行われる。ここでも代筆者として本人の意思通りに行う必要がある。

エ．介護職員の役割

① 介護職員

　介護職員としては、サービスを提供するために重要なのが職員同士の連携である。ベテラン職員を中心に介護作業が円滑に行われるための人間関係を築いておくこと、そのためにはコミュニケーション能力が不可欠であると言える。

　引き継ぎの際の申し送りや気付きの声掛けなど、職員同士のつながりが介護サービスに大きく影響するからである。

　入所者・利用者のその時々の心身状態を正確に把握し、適切な判断と適切な対応が求められる現場では、入所者・利用者とのコミュニケーション情報がすべての職員に行き届くような態勢づくりが必要である。

② 介護福祉士に求められること

　厚生労働省では、「介護職員の役割とその仕事の特性」として、介護福祉士に求められるその役割を次のように掲げている。
「まずは人権を尊重し、入所者・利用者の生活を理解し行動すること。ただ介護をするというだけではなく、その生活全般を多方面からとらえ、または分析し素早く対応できる能力や、よい人間関係が築けるコミュニケーション能力を備えていること」としている。

> 個人情報を慎重に取り扱うなど、注意すべきことをみんなで確認しましょう

オ．移動時の読み書き支援

　近年、施設入所者も高齢化・重度化が著しい状況にある中、多くの入所者・利用者は施設行事等への参加を希望しているが、入所施設の利用者には同行援護は適用されない。その中で、施設としても外出の機会を減らすことなく本人の意思に沿うよう務めている。

　外出の際の移動には、細かな情報支援が必要であることはもとより、高齢化している入所者・利用者の事故防止や体調管理などにも注意が必要である。

　そうしたことからも、手引きの仕方や情報提供の基礎知識を習得することは大切なことであると言える。過剰な情報提供による混乱や、情報不足による利用者の不満などがないよう情報支援の在り方についても学ぶ必要があるからである。

カ．さまざまな施設における読み書き支援の位置づけ

　全国のさまざまな入所施設やデイサービスセンターでは、視覚障害者団体等との交流を含め、年間を通して四季折々の行事が実施されている。こうした移動時においてもさまざまな情報支援が加わってこそ楽しいひとときとなる。

　国連・障害者権利条約や障害者基本法においても、『読み書き』の支援が重要な課題となっている。

　なお近年、視覚障害者情報提供施設（点字図書館）が指定管理者等へ業務委託されるケースが増えているが、その際にさまざまな「障害者サービス」に関する事項が契約に含まれていないことが少なくない。障害者サービスが「すべての人に、すべての資料を」という利用者サービスの根幹をなすサービスであることを明確にし、自治体直営の図書館はもちろんのこと、委託図書館においても障害者サービスを欠いてはならないことを「基準」において示す必要がある。

キ．あらゆる場面での情報支援を

　これまで読み書き支援の重要性について繰り返し述べてきたが、情報支援を必要とする人が屋内、屋外にかかわらず、日常のあらゆる場面で不自由なく読み書き支援を受けることができるよう環境を整えていかなくてはならない。

　「屋内における読み書きする権利」の保障を実現することは、日常生活における読むこと・書くことの権利をより充実させるためにも喫緊の課題であると言える。

4-5
行政・医療・金融機関等での読み書き対応

（ここでは視覚障害者を中心に述べているが、他の人たちへの対応も同様に必要である。）

ア．行政窓口での対応

　ここでは役所の窓口は、こうあるべきだと言う観点でまとめてみた。いろいろな公的機関の窓口においても、これに準じて実施してほしい。理想形に向かって、各地で積極的な実践が試みられることを期待したい。必要な情報を必要な人に的確に伝えることは、行政としての義務であることは言うまでもない。

① 視覚障害者が窓口に訪れたら

　視覚障害者は、白杖をついている人、盲導犬を連れている人、ガイドヘルパーといっしょにやってくる人などさまざまである。また、弱視者の中には、何も持たず、単独歩行のため、一見してそれとわからない人もいる。したがって、はっきりした声で「こんにちは」と声がけをする。それによって視覚障害者は、窓口の位置を認識することができる。（12ページ参照）

② ガイドヘルパーや支援者がすべて補うわけではない。

　２０１３年４月施行された障害者総合支援法では、視覚障害者のための同行援護や移動支援事業と言うのがある。その中で外出の際の代筆・代読がガイドヘルパーの業務として、法的に位置づけられている。ガイドヘルパーや支援者がいる場合でも、何を補う人かを判断する必要がある。支援者の中には、「身体介護だけと考えてついてきている人もいる。また、支援者がいないからと言って、窓口での対応を、めんどうくさがる態度を示してはならない。大切なのは、視覚障害者が単独で訪ねても、快く応接する役所の窓口であってほしい。

　さらに注意してほしい点として、「支援者に向かって話すのはやめよう。」と言うことである。主体は障害者自身であり、あくまで、窓口での対応は、障害者の意思を確認しながら行わなければならない。障害者は、いたわりの必要な「かわいそうな人」ではなく、ハンディがあるだけの「対等な人間」として接するべきである。

③ 来所した目的の確認と該当窓口への誘導

　役所の窓口は細かく分かれているので、来所目的を尋ね、該当する係へと案内する。また、各種申込用紙、申請書類などが常備されているコーナーに誘導する必要がある場合も多い。支援者がいる場合はよいが、視覚障害者単独の際は、代読・代筆し、書類を窓口に提出しなければならない。

④ 代読の技術

　視覚障害者は、通常の印刷物のままでは情報入手は困難である。本来、点字版、音声版、拡大資料などが各自治体で、用意されるべきであるが、現実にはまだまだの感がある。役所の手続きで必要とする情報としては、障害年金・介護保険・諸割引等の説明資料等、いろいろある。支援者はまず、資料の主要項目など概略を説明し、どの部分を詳しく読むかを打ち合わせて読み始める。もし、読み手が窓口職員など、その資料に精通している者であれば、重要ポイントに絞って読めばよい。（36ページ参照）

⑤ 代筆の技術

　役所には、備え付けのさまざまな用紙や書類があるので、目的に合う資料をすばやく探し出す。伝える過程で、情報の周囲への漏えいに留意する必要がある。この点については、離れた場所が確保できれば理想的である。代筆については、書類の各項目の理解が前提となるので、その視覚障害者が十分理解できる速度で読み上げ、記入しなければならない。また、書いたことへの徹底した確認が必要である。

　代理人を記載する用紙があるときは、代筆理由も付記すればよい。また、押印が必要な場合は、役所の者か、支援者が押せばよい。なお、署名・押印については、サインガイドを活用して本人が行うこともできる。見えにくい人のためには、拡大読書器や、レンズなどが用意されていると良い。（54、62ページ参照）

4 読み書きの支援者と多様な支援

目が見えないことで、こんなことがあります

役所の窓口で……

〇〇課
ではこの用紙に記入をお願いします

私は目が見えないので字が書けません

〇〇課
困りましたね。字の書ける人を連れて出直して来てください

ええっ

研修会などでは、

私は視覚障害者ですので、ご配慮をお願いします

しかし当日は……

ではみなさん、これをご覧ください

内容を読んでくれたらいいのに

資料も読めず、プレゼンテーションの図も見えず、内容は半分も理解できませんでした

イ．医療現場での対応

① 病院内での全般的なこと

　病院等における読み書きの問題を考える際、次の点をまず確認しておきたい。厚生労働省の見解によれば、「病院内のことは、基本的に医療スタッフが当たることになっている。」と言うことである。しかし、実際の問題として、病院職員は大変忙しく、恒常的に人手不足の状態にある。したがって、院内ボランティアの配置を含めて、視覚障害者への対応を考える必要がある。総合病院の受付窓口自体、タッチパネル方式など、単独でやってきた視覚障害者には使いにくいものになっている。それらしい来院者を見かけたら、積極的な声がけをしてほしい。初診時には、問診表の提出が必要であるが、記入の補助は不可欠である。

② 医療を受ける際の同意書の問題

　手術など重大な医療行為を受ける場合、自書によるサインが強要されることがしばしばある。視覚障害者の家族が入院したり、手術を受けたりする場合にも自著によるサインが求められる。（62ページ参照）
　基本的には、①病院側が「サインガイド」などを常備しておき、本人の署名、押印をしていただく方法。②病院スタッフまたは、支援者による代書、押印の方法がある。後者の場合、代書である旨を、理由を添えて文書で残しておくのがよい。いずれの場合においても、医療スタッフや支援者が文書の内容をよく読んで、本人に確認をしていただく必要がある。また、病院スタッフが関与する場合は、複数の職員が立ち会うなど、一定のルールをあらかじめ作っておくとよい。その意味で、後述の「銀行の内規」のような文書は大変参考になるだろう。

さらに、弱視者の場合、自書によるサインとその確認のために、拡大読書器やレンズが用意されていれば助かる。

【参考】医療現場における同意書問題にかかわる視覚障害者の要求

多くの視覚障害者団体が加入する「手をつなごうすべての視覚障害者全国集会」は、毎年、次のような要求項目を掲げ、厚生労働省と懇談の場をもっている。

〇要望

「自書によるサインとその確認ができない視覚障害者が、医療を受ける際に同意書を強要され、対応に苦慮しています。複数の職員の立ち会いによる代書・確認の仕組みを作ってください。」

この要求は、視覚障害者の切実な願いであると言ってよかろう。これに対し、厚生労働省側の回答は次のようなものである。これを見ると、視覚障害者が困っている実態が十分理解されていないようである。早急に医療現場における、トラブル解決の方針を示してほしい。

〇回答

「医療機関の書式は、医療機関によってさまざまであり、複数の職員による代書の仕組みを義務付けるわけにはいかない。医療機関の実情において、していくものである。緊急のときは、サインがいるものではない。具体的に対応が遅れる事例があったら教えていただきたい。」。(２０１３年１０月１日、厚生労働省医政局総務係桜庭氏・電話による文書読み上げ回答。)

ウ、金融機関での読み書き対応

① 基本的な注意事項

a. 一口に「視覚障害者」と言っても、千差万別である。全盲、視力が弱い人、視野欠損（欠損の度合い・中心部か、周辺部か）のある人、幼少期から視覚障害がある人、見えないことに慣れていない中途視覚障害者など。（12ページ参照）

b. 盲ろう者と言っても、全盲〜弱視、全ろう〜難聴、その組み合わせは多種多様である。また、それぞれの障害を受けた時期によって、獲得しているコミュニケーションの方法は大きく異なる。

c. 視覚障害者の中には、白杖を持っている人、盲導犬を連れている人、ガイドヘルパーや支援者を伴っている人がいる。また、何も持たない、誰も伴わないで来店する弱視者もいる。したがって、外見上はそれとわからない視覚障害者がかなりいる点を認識してほしい。

d. ガイドヘルパーや支援者がいる場合でも、何を補う人なのか判断を要する場合がある。中には、すべてを補っているわけではなく、身体の介護だけと言う人もいるだろう。

e. 視覚障害者に対しては、「声かけ」が大切である。わかりやすくはっきりした声で伝えてほしい。また、支援者ではなく、視覚障害者本人に向かって伝えることが基本である。

f. 来店した方は、何らかの目的をもってこられている。しかし、その内容を的確に伝えられない人もいる。やさしい態度で接するとともに、よく会話をして、来店目的を聴きだしてほしい。

g. 来店目的としては、ＡＴＭ使用、通帳残高確認、貯蓄・投資相談などさまざまである。それを確認して目的のコーナーに案内をする。（ATMについては、音声装置が付いている機械に誘導してほしい）

② **必要な情報の選択と説明の方法**

a. 一般窓口、相談窓口などでは、さまざまな資料への対応が考えられる。声での読み上げの場合、周囲への漏洩が問題となる。離れた場所が用意されればベターである。

b. その方の来店目的を踏まえ、適切な資料を準備し、最初にその資料名を伝え、相手に確認したうえで読み始める。

c. 資料を順に読んでいけば良い場合、どの部分を読んでほしいかを最初に尋ね、その指示通り読んでいけばよい。読み手が的確に選ばなければならない場合は、最小限必要なことのみを読むようにする。相手の反応を見ながら、情報のわかりやすい読み方、伝え方を工夫する。大切な部分や用語については、ゆっくり、はっきりした声で読む。（127ページ参照）

③ **代筆が必要な書類とそのための技術**

a. 記入を要するさまざまな書類がある。窓口扱いとしては、預金引き出し・預け入れ・振込用紙等への記入。相談窓口では、さまざまな申し込み関係書類、調査票、承諾書類、契約関係書類、領収書類への記入。

b. 音声で伝える際の注意として、周囲への漏洩の可能性に配慮する。離れた場所が確保できればベターである。

c. 代理委任が必要な場合は、同行の者に書類等を熟読してもらった後、適切に記入してもらう。この際、来店者本人がやり取りを把握できるよう留意する。

d. 代筆の際の注意点としては、書類の各項目の理解が前提となる。したがって、相手が十分理解できるペースで進めなければならない。また、書いたことの確認が徹底してなされなければならず、さっと読んだだけでは、確認が不十分な場合がある。

④ 署名、押印について

a. 記名、押印は、法的な責任の問題がある。日本では、署名・押印だけでなく、住所まで書かせる場合がある。署名は、本人であることを確認するものであり、きちんと書く必要はないことを相手によく理解してもらう。要するに「本人の筆跡のサイン」があれば法的には問題はない。

b. 署名については、サインガイドを使い、本人に書いていただく方法がある。その際、定規をよく触っていただき、その枠内に書くことをよく説明し納得していただく。

c. 押印は、本人の意思に基づいて、押されたことが十分確認できればよい。「定規のこの丸い穴の中にはんこを押してください」とお願いする。目が見えなくても十分できるし、一度練習をしてからでもかまわない。その際、はんこの向きをアドバイスしてあげるとよい。

d. サイン・押印が確認できる方には、拡大読書器やレンズなどで確認してもらうとよい。

e. 本人が代理者に署名・押印をしてもらった際には、書類の内容の確認や署名・押印の確認を十分に行う。代理人を記載する用紙があるときは、代筆理由も付記すればよい。

（62ページ参照）

4 読み書きの支援者と多様な支援

ある医院で

① 先生、お腹が痛くて／手術が必要です。同意書にサインを

② わたし、ほとんど見えないのでサインできません／どうしよう／どうしましょう

③ 自分の名前くらいなら／ひらがなら／できません

④ 全員でサインして同意書のかわりに？？／サインガイドもないのかしら

---

① 今日は抗生物質の点滴をしますので、サインをお願いします／私は見えないので書けません

② 私が書きましょうか？／だめですよ

③ では抗生物質の点滴はできませんねえ／そんなあ

④ **けっきょく施設の職員に電話をしてなんとかなりました…**

【参考】銀行などでの読み書きサービスの広がり

（1）読み書きサービスに対する視覚障害者の強い要求

　以前から、日盲連（日本盲人会連合）や全視協（全日本視覚障害者協議会）などの視覚障害者団体では、会員から「自筆が困難な者が預金口座の開設などが口頭でできるようにしてほしい」と言う強い要求を受けていた。幼少期から視覚に障害のある人の場合、自筆のサインができず、口座の開設を断念する事例が続出していたのである。この間、団体としても、金融庁陳情や国会請願などに取り組んできたがなかなか進展が見られなかった。しかし、2010年（平成22年）になって当時の金融大臣との会見が実現し、8月には、金融庁から「主要行等向けの総合的な監督指針」が出され、その中で「障害者に配慮した金融サービスの提供」と言う項目が明記されるに至った。地方での説明会の開催など、金融庁側の努力もあって、金融機関窓口における視覚障害者への読み書きサービスは、急速に普及していった。

（2）金融庁の最新の監督指針

　次に、金融庁の最新の監督指針を例示しておこう。（抜粋）
　平成24年12月24日付で金融庁から示された「主要行等向けの総合的な監督指針」は、その「III-4-4 障がい者等に配慮した金融サービスの提供」において、「銀行は、成年後見制度等の対象でなく意思表示を行う能力がありながら、視覚・聴覚や身体機能の障がいのために銀行取引における事務手続き等を単独で行うことが困難な者に対しても、視覚や聴覚に障がいのない者等と同等のサービスを提供するよう配慮する必要がある」として、「自筆が困難な者から、口頭で預金口座開設等の預金取引や融資取引の申し込みがあった場合、自筆困難

者の保護を図ったうえで、代筆を可能とする旨の社内規則を整備し、十分な対応をしているか」と各金融機関に対し、内規を設けるよう要請している。

　監督指針が発出された効果として、たとえば全国270の信用金庫では、2013年3月末の調査で預金取引時の代筆については、内規の整備率が100％となっている。(『点字毎日』2013年9月22日付)。銀行の内規では、代筆者を「銀行の職員」としているのがほとんどで、「自筆困難者と同行した者（家族やヘルパー）」を認めている例もかなりあると言う。また、ほとんどすべての銀行で代筆の際は、複数の職員が関与し、自筆困難者が意思表示した内容や、複数の職員が関与した事実を記録することになっている。

(3) 広がる研修会開催の動き

　東京と神奈川で85店舗をもつA信用金庫本店では、2013年9月9日、障害者や高齢者から代筆や代読の依頼があった場合の対応方法について、学ぶ研修会を開催した。(前掲『点字毎日』参照)。この研修会は、銀行職員を対象としたものでは全国で初めてのものである。当日は、各支店の担当者をはじめ、他の銀行からの参加者もあり、計250人が集まった。講義では、読み書きに困難を感じている人たちのさまざまな状況、代読の際の的確な情報提供の方法、代書のポイント、サインガイドを使っての署名、捺印の仕方などが盛り込まれた。この研修会は、講師の派遣等、その運営にはＮＰＯ法人大活字文化普及協会が当たっている。

　このような研修会開催の動きは、メガバンク、地方銀行を問わず、徐々に全国的な広がりを見せている。金融関係者のいっそうの取り組みを期待したい。

4-6
幅広い読み書き支援と研修の必要性

　「読み書き支援」を行うにあたっては、幅広い研修が必要である。直接支援する人についての研修はもちろん。その事業をコーディネートする人についても、これまでにほとんど取り組まれていない事業だけに、研修を必要としている。

ア．研修カリキュラム

　「読み書き支援員養成研修」のカリキュラムとしては以下のような項目が考慮され、合計時間数は２０時間程度は必要である。なお、研修の対象となる分野の有資格者については該当部分の減免も配慮する必要がある。

　① 障害者・高齢者福祉に係る制度等に関する講義
　　（身体障害者居宅介護等を含む）
　② 読み書き支援の必要な、視覚障害者・発達障害者・高齢者等に関する講義
　③ 情報サービスと障害者情報支援に関する講義
　　（情報支援関係機器・用具の知識を含む）
　④ 文字や文章、図表などの理解に関する講義および実習
　⑤ 読みのための基礎的な発声発音の講義および実習
　⑥ さまざまな資料等の音声化および情報選択の実習

イ．各分野で必要な読み書きの専門性と研修の必要性

① 図書館関係者の研修

「図書館等の障害者サービス」は、積極的に行っている館でも、「なんとかして図書館等に来ることができるか、自分から積極的に連絡をとることができる方々」にしか対応できていないのが現状である。対面朗読を行っている館でも、さまざまな持ち込み資料を認めていない館や、事前予約を必要とするなど、自由な利用とまではなっていない。また、「在宅支援については福祉でどうぞ」と言うのではなく、ディスレクシアの方々をはじめ、福祉の対象者になっていない多くの方々も含めての支援ができるよう、必要な研修を実施する必要がある。

② 福祉関係者の研修

読み書き対象者の大部分を占めるのは、「外へ出ることができない」「自分のニーズを伝えられない」「必要なはずのさまざまな情報を知らない」人たちであり、「傾聴」と呼ばれる人たちも含めて、福祉関係者がかかわる範囲は広い。福祉制度による支援には、読み書き支援の時間保障まではほとんどされておらず、福祉関係資格の養成カリキュラムにも、視覚障害者の移動に関する同行援護以外は情報支援についての位置づけは乏しい。（105 ページ参照）

今後は、在宅福祉支援の担当者も「読み書き支援」の研修を受けて、より幅の広い情報支援に対応できることが望まれる。

あらゆるところで読み書き支援が受けられようになるといいですね

③ 役所窓口、福祉担当職員、金融機関窓口、その他関係者研修

公的私的を問わず、さまざまな窓口で、読み書き支援の必要なさまざまな障害者などへ、さまざまな情報関係の支援が求められている。それらの関係者が必要な知識と技能を持って対応できるよう、窓口業務に適した研修を行う必要がある。

④ 協力者やボランティアの研修

障害者等への情報関係の支援が行えない理由として、事業費や人件費の削減があげられることは多い。本来は、専門的な知識を有する各分野の専門職員が果たすべき役割であるが、「読み書きサービスを必要とする人たち」が多く、その需要に対応できない現状から、協力者やボランティアの役割が期待されている。もちろん、ボランティアに頼って、本来職員が業務として行わなければならないはずのさまざまな読み書き支援を免れるわけではない。

協力者やボランティアが読み書き支援に携わるための研修の必要性は、非常に高いと言える。

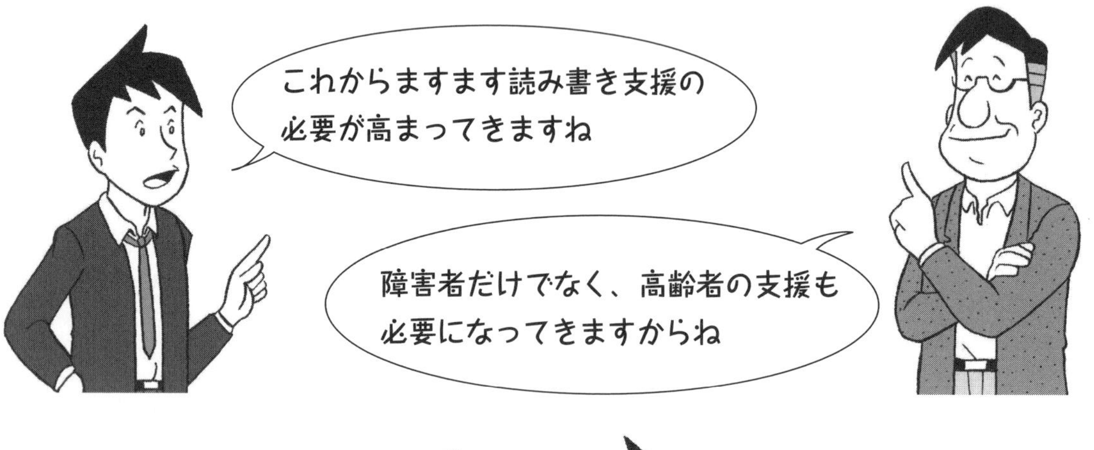

4 読み書きの支援者と多様な支援

銀行で窓口に来られたら、「何のご用ですか」よりも「お引き出しですか」と具体的な内容で声をかけます。「通帳の残高をお読みしましょうか」などと言った方がよいですね

何をしに来られたかわからなくてもですか？

銀行に来られたのに「何のご用ですかは」ない。こちらから具体的に用件を例示した方が、お客様のニーズにたどり着きやすいです

高齢者と障害者のための
読み書き支援

⑤

【資 料】
支援事業を行うための参考資料

資-1

視覚障害者情報提供の歴史と読書権および今日的課題

ア．視覚障害者情報提供の歴史

① 点字図書館の誕生

　わが国で点字図書を最初に扱ったのは、大正5（1916）年の個人の寄贈点字図書を蔵書とした日比谷図書館本郷分館、大正9（1920）年に始まった新潟県柏崎の点字巡回文庫など、いわゆる公共図書館であった。

　一方、昭和28（1954）年に社会福祉法人日本盲人社会福祉施設協議会（日盲社協）を創始した岩橋武夫は、昭和4（1929）年に奉仕者によって点訳製作を開始して昭和7（1932）年に貸し出しを開始した。また、昭和15（1940）年に日本盲人図書館を創始した本間一夫は、点字図書館を専業の事業として位置づけた。

　日盲社協設立時に、点字出版事業とともに、日本点字図書館とライトハウス（後の日本ライトハウス）および、北海、日赤、千葉、新潟、上田の各施設によって点字図書館事業部が設置されて活動が始まった。

●視覚障害者関係組織

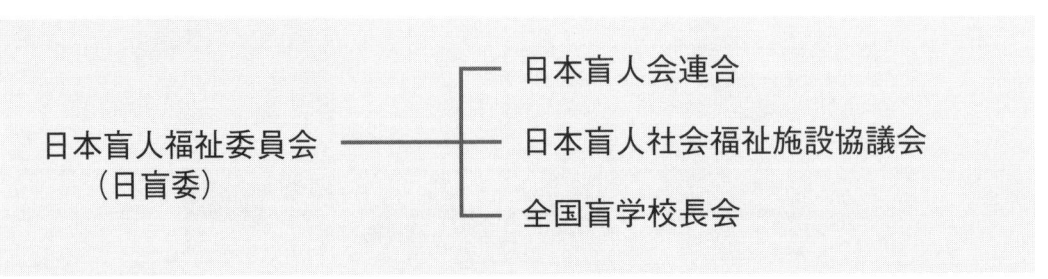

日本盲人福祉委員会（日盲委）
- 日本盲人会連合
- 日本盲人社会福祉施設協議会
- 全国盲学校長会

※日本盲人福祉委員会は、世界の盲人団体間との国際交流を目的に、視覚障害関係3団体の連携で組織された。

② 点字図書館の発展

わが国で最初に録音図書が製作されたのは昭和32（1957）年、国際キリスト教奉仕団によるものであった。アメリカに後れをとったとはいえ、ソニーが日本初の磁気録音用テープを発売したのが昭和25（1950）年であり、機器が登場して10年もたたないうちに録音図書が出現したのである。視覚障害者からの強い要望の下、本間一夫は、昭和33（1958）年、日本点字図書館でのテープ製作貸し出しの事業化を決意した。翌年にはライトハウスも同事業を開始した。

日本盲人福祉委員会は、視覚障害関係団体と結束して厚生省や文部省などへの陳情を強めた結果、昭和36（1961）年には、テープ制作貸し出しへの助成が実現し、東西2館の事業が厚生省委託事業となるとともに、点字郵便物無料化および指定施設の盲人用録音テープの郵便料金無料化が実現した。これにより、点字図書館事業の根幹をなしている郵送貸し出しが軌道に乗ったのである。

●点字図書館の広がり

点字図書館の設置は、昭和40年代に急増するが、そのきっかけは、事業費（人件費）の公費負担であった。昭和56年（1981）年3月の日盲社協誕生時の加盟点字図書館数は76館であり、現在は86館である。

＊昭和55（1980）年、点字指導法確立委員会が設置され、『点訳のてびき』が発行され、翌年には第1回点字指導員資格認定講習会が開催された。また、昭和58（1983）年には第1回朗読指導技術講習会も開始され、翌年、『レコーディングマニュアル』が編集発行された。

イ．読書権の広がりと今日的課題

＊読書権保障を求める動き

　わが国での公共図書館において障害者へのサービスが本格的に動き始めたのは、昭和 45（1970）年に日本盲大学生会などの視覚障害者団体からの門戸開放要求を受けて、東京都立日比谷図書館が対面朗読などの視覚障害者サービスを開始してからである。

　昭和 45（1970）年 6 月には、都立日比谷図書館への門戸開放要求を行った人たちが中心となって視覚障害者読書権保障協議会（視読協）が結成された。同会は、昭和 46（1971）年秋に岐阜県で開催された全国図書館大会において、大会参加者に『図書館協会会員に訴える―視覚障害者の読書環境整備を』と題するアピールを配布し、公的責任による、「読書権」の保障としての公共図書館サービスの必要性をアピールした。

　同会は、1990 年代半ばに活動を終えることとなったが、その後、著作権の問題等読書の権利、知る権利を求める活動は、障害者放送協議会等の障害関係団体に受け継がれることとなった。平成 22(2010) 年 12 月には、視読協の理念を継承し、さらに、今日的課題として、読書障害者であるすべての人の読書権と知る権利の保障を求めて、読書権保障協議会が結成された。

> ＊視読協アピールの全文は、『図書館雑誌』昭和（47）1972 年 3 月号に収録されている。その主たる内容は、「憲法第 25 条生存権、26 条教育権、13 条幸福追求権等を実効あるものにするためには、国民のすべてが読書や文字の読み書きができることが前提であり、読み書きをする権利（読書権）を保障する社会を作ることは、日本社会全体の責務である」というものであった。

ウ．読み書き支援を広げよう〜やさしい情報社会に

① 今日の読書困難者は、550万人以上

　平成6（1994）年制定のハートビル法と平成12（2000）年の交通バリアフリー法が、平成18（2006）年にバリアフリー新法に統合された結果、ハード面の整備は大幅に進んだ。次は「読書のバリアフリー」の普及・促進が求められている。今日の読書困難者の増加は顕著であり、視覚障害者、読み書きに困難のある学習障害者、読書が困難になった高齢者の数は550万人以上と推計される。

② 著作権法と読書権保障の動き

　昭和50（1975）年1月、日本文芸著作権保護同盟が、文京区立小石川図書館が行っていた録音サービスに対し「無許諾録音により著作権法違反」と抗議したことは、多くの視覚障害者に〈著作権法は誰のためのものなのか〉との疑問を抱かせた。

　昭和63（1988）年9月、日本IBMが点訳データのネットワーク「IBMてんやく広場」の事業を開始したことは、大きな期待を持って迎えられた。しかし、その後の発展において、著作権の壁は高く、〈バリア〉となった。

　平成11（1999）年、厚生労働省補正事業として、インターネット化が実現したが、平成12（2000）年4月、著作権法等改正案が改正され、ネットワーク上での点字データの公衆送信がようやく認められる状況に至ったのである。また、平成22（2010）年4月、特定非営利活動法人全国視覚障害者情報提供施設協会が全国視覚障害者情報ネットワーク「サピエ」の運用を開始し、同年10月、音声デイジー配信もスタートさせたが、これは平成22（2010）年1月に、改正著作権法が施行されたことで実現できたもので、関係者の努力が大きい。

③ これからの点字図書館に期待されるもの

　点字図書館の運営基準を巡っては、これまでも何度も議論されてきた。平成2(1990)年に身体障害者福祉法の改正で視聴覚障害者情報提供施設となり、点字図書館の名称は法律からは消えた。もはや、「点字図書館＝点字図書を貸し出す施設」という認識では、利用者ニーズにはついていけない。インターネット、音声解説付映画、マルチメディアデイジーなど、さまざまな媒体製作とサービスへの取り組みを中心に、何をめざして活動を行っているのか、そして公共図書館との違いとは何かに言及するのは、まさしく〈今〉である。

　障害者権利条約では、「意思疎通の不自由解消の保障」「表現および意見の自由並びに情報利用」「テレビジョン番組、映画、演劇その他の文化的な活動を享受することの保障」がうたわれている。

　今後は、地域住民としての視覚障害者ならびに文字情報の取得に困難のある人たちへのニーズに対応することが「視覚障害者情報提供」事業に求められているのである。その最たるニーズは、「文字の読み書きの不自由」からの解消ではないだろうか。

資料〈支援事業を行うための参考資料〉

「視覚障害者読書権保障協議会」の機関紙「読書権」の創刊号
（1978年夏）

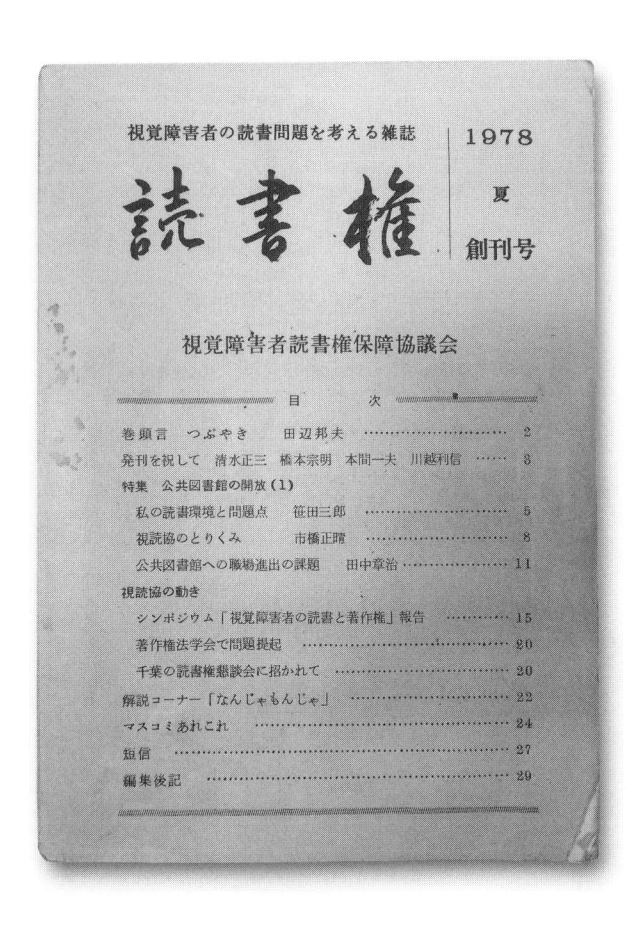

　1970年に結成された視読協（132ページ参照）であったが、事務局長を務めていた市橋正晴氏が亡くなった翌年の1998年に解散となった。

　しかし2010年12月に、視覚障害者を含むすべての読書困難者を対象とした読書権保障を実現するために、岩井和彦氏（前会長）の元で、読書権保障協議会と名称を変えて、新たな活動を開始している。

資-2
著作権法改正と読み書き支援の今後

はじめに

　読み書き支援を進めていく上で重要な法律は著作権法である。
　著作権法は1970年に制定された法律であるが、2006年に成立した国連の「障害者の権利に関する条約」の批准に向けた国内法整備の一環として、2009年6月に障害者の著作物の利用に関係する条文の大きな改正があり、2010年1月1日から施行された。

ア．改正前の著作権法の問題点

　改正前の著作権法でも、点字については、「公表された著作物は、点字により複製することができる。」(37条1項)と、点字による複製についてはすべての人に認められていた。また点字データの記録媒体への保存やインターネットによる送信などの公衆送信も自由に認められていた。(37条2項)
　しかし点字以外のほかの複製については、「録音」のみに限定され、しかもさまざまな制限が設けられていました。
　録音による複製については、「視覚障害者の福祉の増進を目的とする施設で政令で定めるもの」であれば、「専ら視覚障害者向け」の貸出し若しくは公衆送信のために、録音を行うことができるとなっていた。
　視覚障害者情報提供施設（点字図書館）等では著作権者の許諾を得

ることなく自由に録音できたが、公共図書館や大学図書館、国立国会図書館などの、視覚障害者向け福祉施設とは認められない図書館やボランティアグループ等については、たとえ視覚障害者のための録音であっても著作権者に無断で行うことは禁止されていたのである。

加えて、録音以外の著作物の複製利用、例えば、文字の拡大や立体化（さわる絵本や布の絵本）なども無断で作成することは認められていなかった。また点字図書館等においても、視覚障害者以外の他の障害者に対しては、著作権者の許諾なく録音物を作成・提供することはできなかった。

このように改正前の著作権法は、障害者の著作物の利用に対して多くの制約が設けられていた。そのため図書館関係者や障害者団体が協力して、ずっと著作権法の改正を求めてきたがなかなか進まなかった。しかし国連での障害者権利条約の成立を受けて、急に大きく動きだし、2009年6月に改正が実現したのである。

イ．2009年法改正の概要

2009年の法改正により、障害者関連条項である第37条3項は大きく変更され、多くの制限が緩和された。また著作権法の改正を受けて、図書館や権利者の団体が協議し、改正された条文が図書館現場などで円滑に運用できるように『図書館の障害者サービスにおける著作権法第37条第3項に基づく著作物の複製等に関するガイドライン』（以下、『ガイドライン』という）もまとめられた。

2009年改正の主な特徴をまとめると次の通りである。
①視覚障害者向け福祉施設に限定されていた**対象施設を拡張**し、公共図書館、大学図書館、国立国会図書館、学校図書館等でも認められ

るようになった。ただ、この対象施設の詳細を規定した著作権法施行令第2条によると、公共図書館等のほかは、「視覚障害者等のために情報を提供する事業を行う法人のうち、視覚障害者等のための複製又は自動公衆送信（送信可能化を含む。）を的確かつ円滑に行うことができる技術的能力、経理的基礎その他の体制を有するものとして文化庁長官が指定するもの」が対象施設となるとされている。それ相当の組織と技術的基盤を持たないと文化庁からの指定は受けられないことになっており、特に図書館とは関係を持たずに活動しているボランティアグループなどで、この第37条3項の規定の適用が認められない場合には、著作物の利用にあたっては、点字への複製以外の方法で複製物を作成するのに、その都度著作権者からの許諾が必要となる。

②**対象者**の障害を視覚障害に限定していたが、法改正により対象者が「視覚障害者その他視覚による表現の認識に障害のある者」と変更された。その範囲については、『ガイドライン』において、以下の人たちが含まれるとしている。

> 視覚障害、聴覚障害、肢体障害、精神障害、知的障害、内部障害、発達障害、学習障害、いわゆる「寝たきり」の状態、一過性の障害、入院患者、その他図書館が認めた障害。

この「図書館が認めた障害」というのは、図書館の責任において、他の障害者と同等の配慮が必要であることを認めた人という意味であり、それだけ図書館の責任が大きいと言える。

③**複製の方法**についても、従来のように「録音」に限定せず、「視覚障害者等が利用するために必要な方式」に拡大された。この「視覚障害者等が利用するために必要な方式」については『ガイドライン』に次のように例示されている。

> 視覚障害者等が利用しようとする当該視覚著作物にアクセスすることを保障する方式をいい、録音、拡大文字、テキストデータ、マルチメディアDAISY、布の絵本，触図・触地図、ピクトグラム、リライト（録音に伴うもの、拡大に伴うもの）、各種コード化（SPコード等）、映像資料のサウンドを映像の音声解説とともに録音すること

このように、著作権法の改正により、個々の利用者に合わせて、その利用者が利用できる方式での利用が可能になり、障害者のアクセシビリティの保障という面で大きく前進したと言うことができよう。

ただ、法改正によって、新たな制約が生まれた部分もあるので注意が必要である。例えば、法第37条3項の文末には「ただし、当該視覚著作物について、著作権者又はその許諾を得た者若しくは第79条の出版権の設定を受けた者により、当該方式による公衆への提供又は提示が行われている場合は、この限りでない。」とある。この意味は、既に市販されたり、製作されたりしている場合には、同じ方法・同じ媒体での製作は新たにできない、ということで、点字・公共図書館で先に製作しても、同等物が市販された時点で公衆送信ができなくなるなどの影響を受ける。

ウ．著作権法改正と読み書き支援の今後

　読み書き支援は、視覚障害者をはじめとするひとりひとりの障害者等の必要とする文字情報を、さまざまな方法によって読み書き保障をしていこうというものである。このため、本来であればすべての支援は一切の制約なく行われるべきものと言える。

　しかし読み書き支援は、私的な文書だけでなく、図書や雑誌などの著作物を含む多様な文字資料を対象とするため、場合によっては著作権法の制約を考慮しなければならないこともあり得る。

　例えば、読み書き支援の実施者が点字図書館や公共図書館等と全く関係を持たず文化庁の認可もないボランティアグループの場合には、法第 37 条は適用されないので、支援の方法によっては著作権者の許諾が必要となるケースも考えられる。

　また著作権法の一般的制限規定として、著作物をむやみに改ざんされない「同一性保持権」と言うものがある。障害者への提供に当たっては、難しい表現や漢字をやさしく書き直すなど、その人が理解できる形でのリライトは一定程度認められているが、必要以上の変更は法に抵触することになる。内容を大幅に変更するような読み書きは認められないので注意が必要である。

　とはいっても、日常の読み書き支援においては、著作権法を気にするようなことはまずないだろうと思われる。まずは読み書き支援を必要とする人たちのことを考えて活動を進めることに集中すべきであろう。

第37条第3項（視覚障害者等のための複製等）

　<u>視覚障害者その他視覚による表現の認識に障害のある者</u>（以下この項及び第102条第4項において「視覚障害者等」いう。）の福祉に関する事業を行う者で政令で定めるものは 公表された著作物であって、視覚によりその表現が認識され る方式（視覚及び他の知覚により認識される方式を含む。）により公衆に提供され、又は提示されているもの（当該著作物以外の著作物で、当該著作物において複製されているものその他当該著作物と一体として公衆に提供され、又は提示されているものを含む。以下この項及び同条第4項において「視覚著作物」という。）について、専ら視覚障害者等で当該方式によっては当該視覚著作物を利用することが困難な者の用に供するために必要と認められる限度において、<u>当該視覚著作物に係る文字を音声にすることその他 当該視覚障害者等が利用するために必要な方式により</u>、複製し、又は自動公衆送信（送信可能化を含む。）を行うことができる。ただし、当該視覚著作物について、著作権 者又はその許諾を得た者若しくは第79条の出版権の設定を受けた者により、当該方式による公衆への提供又は提示が行われている場合は、この限りでない。

資-3
技術の進歩とIT機器の活用

　人による読み書き支援サービス以外に、IT技術の進歩により、さまざまな支援機器が登場している。ここでは、読み書き支援のための代表的な機器をいくつか紹介する。

ア．拡大読書器

　拡大読書器はビデオカメラ等で対象物を映し、拡大して表示する機械である。いったん画像として取り込むため、拡大率の調整の幅が広く、表示色の設定変更などが簡単にできる。ルーペでは見える範囲が狭い、背景色を黒にしたいという人などに広く利用されている。

　拡大読書器は卓上据え置き型が基本形で、最近の機種はHD（高解像度）の22インチ液晶画面を装備し、2～50倍程度の拡大が可能な機種が多い。カラー、白黒、白黒反転の3つのモードを備え、機種によっては黒黄や青白など他の色の組み合わせを持つものもある。その他、画面が90度回転して縦長にも表示できるもの、ライン機能（画面に基準線を表示する機能）を持つもの、パソコンと画面を共有できるものなど、いろいろな機種が発売されている。

　このほかにも、7インチ程度の画面を持つ携帯型や電子ルーペとも言われる3インチ程度のポケットサイズのもの、パソコンにカメラを接続して使うものなど、多様な拡大読書器が登場している。

資料〈支援事業を行うための参考資料〉

イ.音声読書器

　音声読書器は、スキャナーの上に印刷物を置いてその内容を読み取り、解析処理をしてテキストデータに変換して、その内容を音声で読み上げるという機器である。取り込んだ画像や解析処理後のテキストを画面に拡大して表示することもできるので、音声・拡大読書器とも言われる。

　印刷された文字にアクセスする手段が全くなかった人には非常に便利な機械ではあるが、スキャナーで画像を取り込むため時間がかかることや、段組が複雑な場合に認識する順序が狂うことがあるなどの問題点もある。

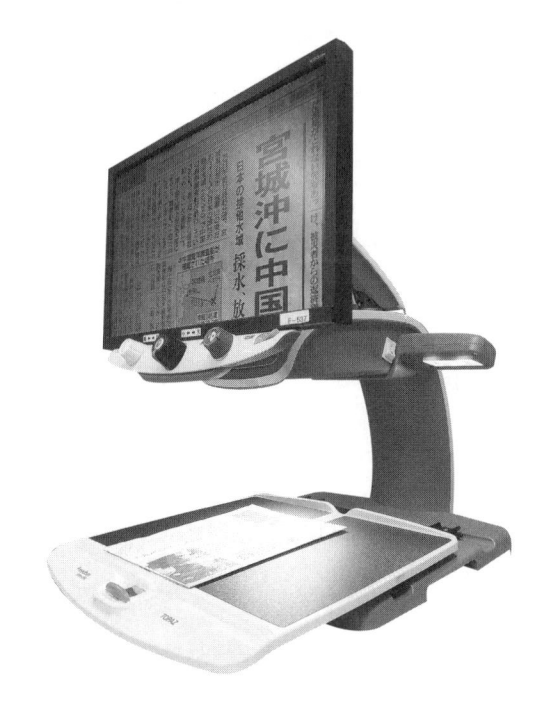

拡大読書器　　　　　　　　音声読書器

ウ．点字ディスプレイ／点字電子手帳

　点字ディスプレイはパソコンの画面に表示された文字を点字で出力するための機械である。点字の書類はかさばるため、データでもらって点字ディスプレイに出力して読むといった使い方も多い。
　現在は、メモやスケジュール表などの機能を持ち、パソコンと接続しなくても使える点字電子手帳が主流となりつつある。パソコンと比べて起動が速く、触知での確認となるため、講演を聴きながらメモなどによく利用されている。

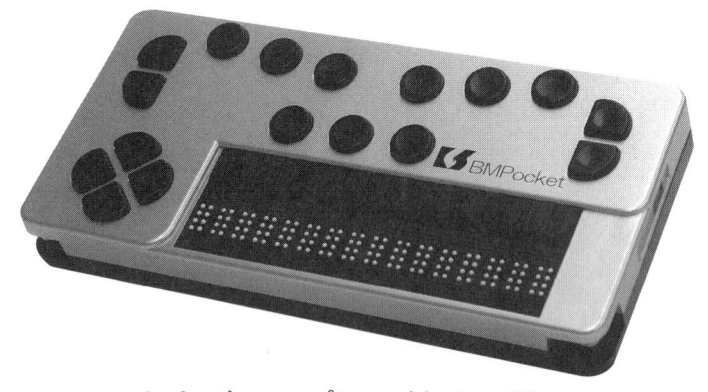

点字ディスプレイ付メモ器

エ．デイジー（DAISY）図書再生機

　視覚障害者用の録音図書は、昔はカセットテープであったが、現在はDAISY（Digital Accessible Information SYstem）と呼ばれるデジタル録音図書が主流となっている。カセットテープの図書と比較しての利点として、ほぼすべての図書がＣＤ１枚に収まるためかさばらない、音の劣化がない、頭出しが簡単などの利点がある。
　DAISY図書の多くは音源にMP3形式を使用しているため、MP3対応のプレーヤーで再生が可能であるが、こうしたプレーヤーはDAISY

図書に含まれる情報ファイルを読み取れないため、DAISY特有の頭出しや再生速度の変換、しおり機能などが使えない。DAISYの良さを十分に活用するためは、専用の再生機や再生用のパソコンソフトが必要となる。

　DAISY再生機にはCDがそのまま入る卓上型の再生専用機、外部音声の録音も可能な録音再生機、内蔵メモリやＳＤカードにデータを移して再生する携帯型の録音再生機などが発売されている。

卓上型

携帯型　　　　　　　　　　携帯型

〜 さまざまなDAISY再生機 〜

オ. 視覚障害者情報総合ネットワーク「サピエ」

　サピエは全視情協（全国視覚障害者情報提供施設協会）が提供する視覚障害者などに向けたWebサービスである。中心はサピエ図書館で、点字データ14万タイトル以上、DAISYデータ4万タイトル以上のダウンロードが可能である。

　視覚障害者は地域の加盟施設などに利用登録した上でサピエなどに会員登録し、IDとパスワードを取得した上でサピエを利用できる。

　サピエへのアクセスには原則としてパソコンか携帯電話が必要であったが、2011年よりDAISY再生機で直接サピエにアクセスできるデイジーオンラインサービスも開始されており、携帯型の専用端末が発売されている。

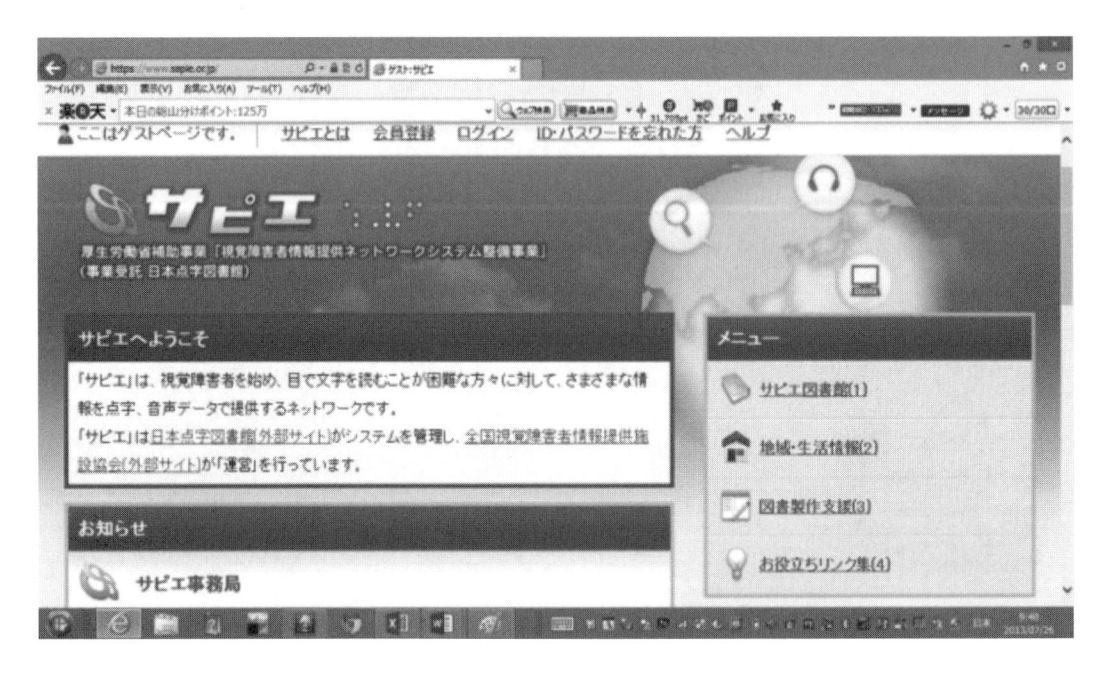

「サピエ」のホームページ

カ. パソコンの利用

　視覚障害者がパソコンを利用する場合、一般の Windows パソコンに画面拡大ソフトやスクリーンリーダーと呼ばれる音声読み上げソフトをインストールして利用する。新聞の文字は読めないけれど、新聞社のページでニュースを確認するとか、前述のサピエを利用して本を読む人など、利用は多岐にわたる。

キ．タブレット／スマートフォン

　近年はタブレットＰＣやスマートフォンが普及しているが、視覚障害者の中でも利用され始めている。特に iPhone や iPad などの iOS には視覚障害者向けの音声読み上げ機能や画面拡大、色反転の機能が標準装備されており、注目度が高い。

　カメラ機能を使っての拡大読書器として使用したり、アプリを使って紙幣や色の認識を行ったり、電子書籍を音声で読み上げさせたりと、利用法も広がりを見せている。

ク．その他

　ほかにも、携帯電話のらくらくホンシリーズやＩＣレコーダー、音声読み上げ機能付きの地デジテレビやＨＤＤレコーダー、ワンセグ放送の音声だけを受信できるラジオなど、視覚障害者が情報入手のために利用している機器は数多くある。

　自治体によってはこれらの機器のいくつかを、日常生活用具の給付制度の対象品として購入時に助成をしている。こうした制度なども利用しつつ、ＩＴ技術が視覚障害者の豊かな生活のための道具となることを望む。

地デジテレビの聴けるラジオ

撮影協力／Viva 神保町

資-4

事例1
京都ライトハウスの読み書き支援

ア．「読み書きサービス」の概要

　京都ライトハウス情報ステーション（点字図書館）では、1990年9月から、対面朗読とは別に予約不要の読み書きサービスを始めた。これが、日本での「読み書き」と題した本格的な読み書きサービスの最初と言ってもよいであろう。

　現在では月曜日から土曜日まで、10時から16時まで、いつも二人の読み書きボランティアが二つの小部屋に常駐し、読み書き時間は一人1時間程度までとしている。利用者は予約なし、入館・入室の記録なしでサービスを受けられ、支援者が利用数と主な内容のみ記録している。評判がよく、1日平均5人程度の利用であるが、利用者が同時に二人を超えたら前のベンチで待っていただいている。すぐ近くに調査指導ボランティアもいて、読み書きの内容によっては、すぐにインターネットなどで調べることもできる。

　京都ライトハウスは視覚障害者を中心とした複合施設で、乳幼児、デイサービス、就労、盲養護老人ホーム、そしてさまざまな相談支援や訪問支援、移動の同行援護などを行う公益社団法人京都府視覚障害者協会も同じ場所で活動しており、いろいろな催しや活動が連日ある。京都府立盲学校もすぐ近くで、バス路線も20系統以上と交通の便もよく、1日平均50人以上の視覚障害者が利用され、情報ステーションにも来訪者が絶えまないという環境にあることもプラスしている。

イ.「読み書きサービス」の内容

　多いのは郵便物の処理である。まずは、必要なものと不要なもののより分けで、どこからきたか、中身は何かを確認して、必要と思われるものだけを集め、不要と思われるダイレクトメールやちらしなどと区別する。そしてその内容の概略を伝え、必要なものはさらに詳しく読む。調査やアンケートなど、記入を要するものや、返信の必要な場合もあり、手紙を書いてほしい、との要望は多い。

　さらには、さまざまな説明書、薬類や衣類の表示など、生活に密着するものも多く、ホームヘルパーの領域かと思われるものもある。中には、墨字だけでなく、「点字の資料が届いたので何であるのかを確認して、必要なら読んでほしい」といったこともたまにあり、そのときは点字のできる方に依頼する。

　中には、「スミジを書いてほしい」と言われ、「書いてもらえなかった」とのクレームがあった。よく聞いたら、俳句を作っている方で、色紙に「墨」で書いてほしかったのに、書けないと言われた、とのことだったので、すぐに筆で書く「墨書」のできる方を探して依頼したこともある。

　また、小型プリンターの取扱説明書の読み書きでは、読んでもらっただけでは分からないと、ノートパソコンとプリンターを持ってこられ、取説を読みながらいっしょにセッティングをした、といったこともあった。

　なお、契約書類の署名捺印まではボランティアの方では無理ということで、所長（館長）が職務権限として署名捺印を含む文書処理をして諸手続きを完了させたこともあった。

ウ.「読み書き」のサービスの担い手

　ほとんどの点字図書館では、点字や録音の製作について全面的にボランティアに頼っているが、京都ライトハウスで始めた本格的な「読み書き」のサービスについても、全面的にボランティアにお願いをしている。京都ライトハウス情報ステーションが毎年開催している2回の基礎講習会を経て、点字または録音の10回の入門講習を修了して希望される方が「読み書きサービス」に加わっており、合計約120名が担当している。

　月曜日から土曜日までを午前10時から13時と13時から16時の3時間ずつに分けた12組各10人から毎週二人のボランティアにお願いをしている。各班では、「班のまとめ役」を決めて、予定されていたボランティアの方の都合がつかなくなったときなどに班内で調整をしていただいている。それでも埋まらないときは、班に属していないボランティアも数名確保していて職員が依頼をしている。

　なお、予約制ではないので、利用者が集中したり途切れたりする。「何かすること」として、施設広報発送等の封筒詰め等の作業のほか、併設されている盲老人ホームで使用するその日のテレビ・ラジオ欄の約10分のテープ録音なども依頼している。

資料〈支援事業を行うための参考資料〉

京都ライトハウス

資-5

事例2　函館の読み書き支援

【 函館視覚障害者図書館・代筆支援実施要項 】

1. この規程は、視覚が不自由なためなどの理由で、筆記すること（以下、「書くこと」という。）に関して、困難またはできない人（以下、「できない人」という。）に対して行う、代筆支援について必要な事項を定める。

2. 代筆とは、墨字（漢字、ひらがな、カタカナ、ローマ字などの文字）を書くことができない人の代わりに、墨字を書いたり、書類のチェック項目を記入したりすることをいう。点字で書かれた文章などを、点字が読めない人のために墨字に直したり、あるいは、場合により、墨字を点字に直すことも代筆とする。尚、視覚障害者等が、パソコンで書いた文章の墨字を校正したりすることも、代筆行為に含まれるものとする。

3. 代筆支援を行う者を、代筆支援者とする。

    尚、函館視覚障害者図書館（以下、「図書館」という。）において、代筆支援を行う者は、図書館が実施する『代読・代筆の講習会』にて、必要な研修を受けなければならない。

4. 視覚障害者等で、代筆支援を必要とする者は、代筆依頼者とする。代筆支援は、代筆依頼者本人に対して直接行う行為であり、原則として、代筆依頼者が認めた者以外は、代筆支援を行う場所に立ち会うことはできない。

5. 代筆支援は、図書館内において行うものとし、原則として、図書館外では行わない。

    代筆支援は、図書館に所属する支援員（正規職員、またはボランティア）

が行うものとする。

6. 代筆支援を行うときは、代筆依頼者のプライバシー等に係る事柄などに対する守秘義務を遵守することを徹底するために、代筆支援者は、代筆依頼者に対して、図書館所定の「誓約書」を提出するものとする。

7. 代筆支援について、原則として、金融機関や、税務署、裁判所等に提出する書類に関しては、代筆を行うことができないため、当該関係書類の代筆については、代筆支援者と代筆依頼者は、事前に協議するものとする。

8. 上記の協議等により、代筆支援を行うことが決定した場合は、代筆依頼者は、代筆支援者に対して、図書館所定の「代読・代筆依頼書」を提出するものとする。

9. 代筆を行うことが可能と考えられる書類等には、「委任状」の署名、医療機関での「問診票」や「医療行為の同意書」、官公署での住民票等の証明書の発行申込書などがあるが、必ず事前に当該関係機関等に、実施の可否に関して確認を得るものとする。

10. 代筆支援に係る行為に対しては、すべて無償で行うものとする。

11. 代筆支援に係る行為は、誤字、脱字等がないように、慎重且つ正確に行うものとする。

　　また、代筆する内容に関しては、一切加筆などを行わないものとする。

12. 上記以外で、代筆支援に関する必要事項は、その都度、代筆支援者と代筆依頼者等が協議の上、図書館の館長が別に定める。

付　則

1. この規程は、平成24年4月1日から施行する。
2. この規程の一部改正は、平成25年4月1日から施行する。

【 平成 22 年度 住民生活に光を注ぐ交付金 】
函館市実現例

■視覚障害者等への日常生活情報サービスの定義と内容

定　義

　視覚障害者や高齢者などの読み書きに困難を伴う人のために、公的に代読や代筆を行うサービスは、高度な専門性が求められるサービスである。このサービスを行う者は、専門の養成講習を受け、音訳技術や守秘義務の精神を身につけた者でなければならない。この専門技術を身につけた情報提供サービス員が、常勤してサービスにあたる。

　また、一般の図書館は全国に 3000 館近くあり、その蔵書数は3億冊（日本の図書館統計 2004　日本図書館協会）を超えるものであるが、視覚障害者情報提供施設は全国で８９館で点字図書とテープ図書の蔵書数は、約 49 万タイトル、デイジー図書は 24 万タイトル（日本の点字図書館２０　2005 年３月全国視覚障害者情報提供施設協会発行）という大きな格差は、年々拡がっていく一方である。この格差を少しでも縮め、情報障害者と言われる視覚障害者や高齢者、学習障害児等に対応するテキストデイジー及びマルチメディアデイジー図書を、一冊でも多く製作・編集することが求められている。デイジー製作・編集員が常勤してこの製作にあたる。

対　象

　視覚障害者等読み書きに困難を伴う人

内　容

１　代読サービス

　教科書、参考書、研究・会議資料、地域生活の回覧物、広告、パンフレット、手紙や預金通帳、公的書類等の個人情報に関する資料

２　代筆サービス

　学業・就労に関する申請書や提出書類、各種申込書、振込用紙等の署名や

押印の代行、手紙や宛名等の代筆
3　製品等の取扱い説明サービス
　電化製品や日常生活で使用する機器・用具類の取扱説明、プレクストーク、よむべえ等の、視覚障害者用情報機器の操作説明。パソコン、インターネット、携帯電話等の電子機器の設定説明や解説等。

■視覚障害者等への日常生活情報サービス実施要項
① 　音訳・点訳の技術、守秘義務の精神を身につけた情報提供サービス員
② 　マルチメディアデイジー及びテキストデイジー製作編集員

養成期間	平成２３年４月～６月（３ヵ月）
実施年月	平成２３年７月～
実施曜日	火曜日～金曜日
実施場所	函館市総合福祉センター１階・函館視覚障害者図書館
実施時間	１０：００～１６：００
実施人員	３名
実施形態	常駐
実施予算	下記のとおり

予算項目	金額	備考
給与	2,419,200	3名分の給与合計※
講習会	150,000	講師謝金等
資料購入費	30,000	辞書・書式集等
消耗品費	20,000	点字用紙等購入費
備品（初年度）	150,000	ノートパソコン、ソフト他の購入
合計	2,769,200	

函館視覚障害者図書館「視覚障害者等への日常生活情報サービス」事業報告

平成２５年９月３０日現在

実施期間	平成２３年度	平成２４年度	合計	平成２５年４月～９月	備考
利用者延べ人数	233人	271人	504人	138人	
支援員	4人	5人		1人（ボランティア：3人）	
利用件数	482件	547件	1029件	262件	
〔利用件数の内訳〕					
代読	241件	282件	523件	112件	
代筆	194件	213件	407件	129件	
テキスト製作	47件	52件	99件	21件	
〔利用内容の内訳〕					
公文書・金融・医療・職業・学業等に関するもの	183件	196件	379件	101件	
私文書・趣味・情報収集等に関するもの	273件	267件	540件	124件	
機器取扱説明等に関するもの	26件	84件	110件	37件	

　　※ 特記事項 ： 平成２３年度、平成２４年度に関しては、函館市から助成を受けて実施した事業

資−6
事例3　三鷹市の読み書き支援

【三鷹市読み書き支援員派遣事業】

平成19年10月より実施しているものです

　三鷹市では、視覚障がい者のかたが日常生活に必要な情報が得られるよう、カタログ・パンフレット・郵便物などの読み上げなどを支援する「三鷹市読み書き支援員派遣事業」を、平成19年10月1日より実施しています。

利用対象者

原則として三鷹市の区域内に住所を有する視覚障がい者。
（身体障害者手帳の交付を受けているか、又は同手帳の交付を受けているかたに準ずる視覚障がいのあるかた）

申込み先

みたかボランティアセンターに電話でお申込みください。
電話番号　0422-76-1271

内容

　支援員は、郵便物、カタログ、パンフレット等から日常生活にお

いて必要とする情報が得られるよう文書の読み書き支援を、利用者宅において行います。

　利用ができるのは、基本的に日中の時間帯ですが、日中以外の時間を希望される場合や緊急の場合については、支援員を派遣できる体制がとれる場合に限り派遣をいたしますので、みたかボランティアセンターにご相談ください。

※図書館など、公的な場所で行う読み書き支援(対面朗読)は、図書
　館（電話0422-43-9151）にお申込みください。

費用

無料

※支援員は、原則として1人が自宅に伺います。ただし、事情により
　複数での派遣を希望する場合はご相談ください。

【読み書き支援派遣事業　成功事例内容　三鷹市】

■支援実施内容概略

1. 支援内容

    利用者の個人生活情報に関するものの代読・代筆。

    原則　1件90分

2. 支援方法

    原則、予約により利用者宅へ出向。利用者の希望によっては別途指定場所

■実施状況

年間利用件数	約100件
年間利用者	5〜6名（リピーターの定期利用多い）
年間対応支援員	5〜6名（「ういろうの会」会員40名中の有志）

■今後の課題

・原則として、視覚障害者に準じる人以外（高齢者、在日外国人など）は、支援サービスを受けられない。

・代読・代筆基本技能や守秘義務を学ぶ研修会等が実施されていない。

『一人の不自由を行政がサポート』

三鷹市読み書き支援派遣事業について

　平成18年、三鷹市在住の一人の視覚障害者が「生活に不可欠な情報の支援サービス」を市に訴えたことから、市の取組が始まりました。もともと、住民活動や福祉に高い意識があった市は、早速、平成19年、三鷹市社会福祉協議会ボランティアセンターに事業委託。そこから、任意団体「朗読ボランティアういろうの会」へ業務依頼がされました。

　「ういろうの会」は会員約40名、うち約5～6名の有志が読み書き支援サービスに参加しています。

　支援サービス利用者は、ボランティアセンターに電話予約、センターから連絡を受けた「ういろうの会」は利用者と支援者の双方の都合を調整して、利用者の自宅へ会員を派遣します。

　変動はあるものの平均年間利用件数は約100件、過去5年間、5～6名のリピート利用者と5～6名の支援員間にトラブルはなく、読み書き支援事業の成功事例として近隣地域から注目を集めています。

　利用者のほとんどは紹介や口コミによるもので、特別の告知活動は行っていませんが、生活必要情報支援として地域住民からの信頼は厚く、行政による積極的な広報告知があれば、潜在的な利用者は多いと思われます。また中途失明者の増加、本格的高齢社会の到来などから需要も大きくなり、地域の必要生活支援となると思われます。

（2013年10月）

〈参考資料〉その他の事例

■千代田区

音訳サービス（コミュニケーション支援事業）

区内在住者の視覚障害者が、日常生活において、文章や文字による情報を必要とする場合、代読・代筆サービス提供者をご自宅へ派遣します。なお、ご利用には事前登録が必要です。

＜問い合わせ先＞
千代田区保健福祉部生活福祉課障害者支援係
〒102-8688 東京都千代田区九段南1-2-1
電話番号：03-5211-4217　ファックス：03-3264-0927
メールアドレス：seikatsufukushi@city.chiyoda.lg.jp

■豊島区

視覚障害者の情報コミュニケーション支援事業

1　目的
視覚障害者が地域生活において、必要な情報の確保とコミュニケーションを円滑にするために、ボランティアによる情報収集や代読・代筆サービスを行い、視覚障害者の自立支援及び社会生活の参加を促進する。

2　実施主体
主催：豊島区
事業受託：社会福祉法人　豊島区民社会福祉協議会

3　対象者
豊島区内の視覚障害者（身体障害者手帳をお持ちのかた）

4　事業内容
1か月4時間を限度に、ボランティアが対象者の自宅に行き、サービスを提供する。

5　サービスの内容（例）
①　年賀状等手紙類作成支援：(毛筆・ＰＣ等により、利用者の希望に沿った年賀状等を作成する。)
②　旅行計画支援：旅行の計画を立てようとしている利用者に、旅行会社等からパンフレット等を収集し、読み上げによる内容説明を実施する。
③　新制度等の説明：利用者が税金や障害者福祉等様々な制度について知りたい場合、パンフレット、解説書等を収集し読み上げによる説明を実施する。

豊島ボランティアセンター　03-3984-9375

■美濃加茂市
対面朗読実施要項

＜対象者＞
1. 美濃加茂市内に在住、在勤又は在学する者で図書館利用者カードの交付を受けたもので、視覚障がい者、高齢等で視力が低下した者、その他活字での読書が困難な者。その他、館長が認めた者。
2. 対面朗読サービスを利用しようとする者、又は代理人（以下「利用者等」という。）は、図書館利用者カードを添えて、美濃加茂市立図書館対面朗読利用申請書（別記様式）により申請しなければならない。

＜協力者＞
1. 音訳講座、読み書き支援員養成講座、朗読講座を修了し図書館ボランティアに登録した者。
2. 協力者は利用者のプライバシーを守らなければならない。

＜利用方法＞
1. 利用時間
   ①図書館開館日の午前１０時から閉館１時間前まで
   ②原則、１回２時間まで
2. 対面朗読する資料は、図書館所蔵資料の他、利用者の持参した資料、パンフレット、カタログ、説明書等。
3. 申し込み
   ①利用者は、あらかじめ美濃加茂市東図書館に予約の申し込みをしなければならない。予約は、利用者の来館又は電話等により、その手続きをすることができる。その際、名前・来館時間・読む資料が決まっていればそのタイトル・電話番号を確認する。
   ②予約は、利用する日の３日前の午後５時に締め切る。
4. 実施場所
   対面朗読は、美濃加茂市東図書館２階ボランティア室を主に、協力館施設で行うものとする。
5. その他
   天候不順等の事情で不可能と判断した場合、図書館は利用者に対しその旨の連絡をするものとする。

〈参考資料〉

図書館の設置及び運営上の望ましい基準

(平成二十四年文部科学省告示第百七十二号)

【改正前】
③高齢者に対するサービスの充実に資するため、高齢者に配慮した構造の施設の整備とともに、大活字本、拡大読者器などの資料や機器・機材の整備・充実に努めるものとする。また、関係機関・団体と連携を図りながら、図書館利用の際の介助、対面朗読、宅配サービス等きめ細かな図書館サービスの提供に努めるものとする。

【改正後】
(四)
イ (高齢者に対するサービス) 大活字本、録音資料等の整備・提供、図書館利用の際の介助、図書館資料等の代読サービスの実施

【改正前】
④障害者に対するサービスの充実に資するため、障害のある利用者に配慮した構造の施設の整備とともに、点字資料、録音資料、手話や字幕入りの映像資料の整備・充実、資料利用を可能にする機器・機材の整備・充実に努めるものとする。また、関係機関・団体と連携を図りながら手話等による良好なコミュニケーションの確保に努めたり、図書館利用の際の介助、対面朗読、宅配サービス等きめ細かな図書館サービスの提供に努めるものとする。

【改正後】
(四)
ウ (障害者に対するサービス) 点字資料、大活字本、録音資料、手話や字幕入りの映像資料等の整備、提供、手話・筆談等によるコミュニケーションの確保、図書館利用の際の介助、図書館資料等の代読サービスの実施

【改正前】
二 (六) ボランティアの参加の促進
　国際化、情報化等社会の変化へ対応し、児童・青少年、高齢者、障害者等多様な利用者に対する新たな図書館サービスを展開していくため、必要な知識・技能等を有する者のボランティアとしての参加を一層促進するよう努めるものとする。そのため、希望者に活動の場等に関する情報の提供やボランティアの養成のための研修の実施など緒条件の整備に努めるものとする。なお、その活動の内容については、ボランティアの自発性を尊重しつつ、あらかじめ明確に定めておくことが望ましい。

【改正後】
(六) ボランティア活動等の促進
①　市町村立図書館は、図書館におけるボランティア活動が、住民等が学習の成果を活用する場であるとともに、図書館サービスの充実にも資するものであることにかんがみ、読み聞かせ、代読サービス等の多様なボランティア活動等の機会や場所を提供するよう努めるものとする。

〈参考資料〉

地域生活支援事業実施要網

（平成二十五年障発０８０１００２号）

【改正前】
（3）特別支援事業
（1）及び（2）に定める事業以外の事業であって、市町村及び都道府県の判断により、事業の実施が遅れている地域の支援を行う事業、実施水準に格差が見られる事業の充実を図る事業その他別に定める事業並びに社会福祉法人等が同事業に対し補助を行うことができる。
（別記11）4　利用者の負担　（略）　5　国の補助　（略）　6　留意事項
（1）　（略）　（2）障害者に対し、点字を用いること及び代読、音声訳、要約を行う等障害種別に配慮しながら、本事業の内容を十分に周知し、円滑な実施に努めること。
（3）　及び（4）（略）

【改訂後】
（3）特別支援事業
（1）及び（2）に定める事業以外の事業であって、市町村及び都道府県の判断により、事業の実施が遅れている地域の支援を行う事業、実施水準に格差が見られる事業の充実を図る事業その他別に定める事業並びに社会福祉法人等が同事業に対し補助を行うことができる。
（別記20）4　利用者の負担　（略）　5　国の補助　（略）　6　留意事項
（1）　（略）　（2）障害者に対し、点字を用いること及び代筆、代読、音声訳、要約を行うなど障害種別に配慮しながら、本事業の内容を十分に周知し、円滑な実施に努めること。
（3）　及び（4）（略）

【改正前】
コミュニケーション支援事業
1　目的　　　聴覚、言語機能、音声機能、視覚その他の障害のため、意思疎通を図ることに支障がある障害者等に、手話通訳等の方法により、障害者等とその他の者の意思疎通を仲介する手話通訳者等の派遣等を行い、意思疎通の円滑化を図ることを目的とする。
2　事業内容　　手話通訳者、要約筆記者を派遣する事業、手話通訳者を設置する事業、点訳、音声訳等による支援事業など意思疎通を図ることに支障がある障害者等とその他の者の意思疎通を仲介する。

【改訂後】
意思疎通支援事業
1　目的　　　聴覚、言語機能、音声機能、視覚その他の障害のため、意思疎通を図ることに支障がある障害者等に、手話通訳、要約筆記等の方法により、障害者等とその他の者の意思疎通を支援する手話通訳者、要約筆記者等の派遣等を行い、意思疎通の円滑化を図ることを目的とする。
2　事業内容　　手話通訳者、要約筆記者を派遣する事業、手話通訳者を設置する事業、点訳、代筆、代読、音声訳等による支援事業など意思疎通を図ることに支障がある障害者等とその他の者の意思疎通を支援する。

〈参考資料〉

《 参考図書紹介 》

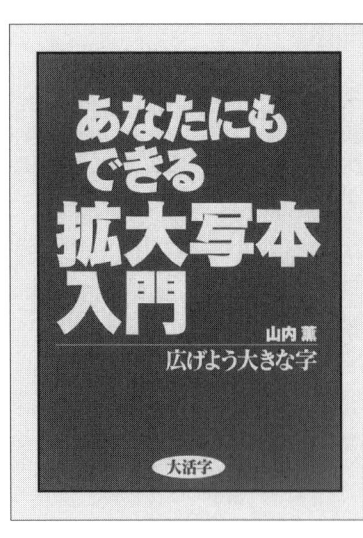

あなたにもできる拡大写本入門
～広げよう大きな字～

著者：山内薫

■内容
1987年刊行の『拡大写本の作り方』を全面改訂。前著になかったパソコンの活用や著作権問題などもわかりやすく解説。
■目次
拡大写本の作り方／拡大写本用具／拡大写本の書き方／拡大写本の構成／写本の製本／要望にどう応えるか

●定価：本体2000円+税　●発行：大活字

読み書き（代読・代筆）情報支援員入門

編集：読書権保障協議会
執筆：岩井和彦、田中章治、山内薫、森田直子、加藤俊和、藤田晶子、前田章夫

■内容　障害者や高齢者の置かれた現状からはじまり、読み書き（代読・代筆）支援の必要性、理念、また、現在行われている例を紹介。さらに、支援実現のための技術にも触れ、支援員養成基礎講習会のテキスト的な内容になっています。

★判型・頁数：四六判226ページ　★発売：2012年2月末日
★定価：本体1200円+税　★ISBN978-4-09-310792-1
●発行：小学館

読み書き（代読・代筆）情報支援テキスト　第2版

特別非営利活動法人　大活字文化普及協会

■内容
読書権保障の理念の実現を目指して、その要ともなる「読み書き（代読・代筆）情報支援員」の養成講座で使用するテキストです。
■目次
読み書きサービスを必要としている人たち／読みの支援とは／明確に分かりやすく伝える／情報を選択して伝える技術／「読みの補助としてのメモ」とは　他

●定価：本体800円+税　●発行：大活字

〈参考資料〉

Viva神保町

見えやすさ読みやすさ満載
Viva神保町
大活字本のお店

　2013年秋にオープンした、大活字本専門書店「ＶｉＶａ神保町」。拡大読書器やルーペ等の読書補助具、大活字本の他に、署名押印ガイドや読み書き支援関連本等も紹介販売している。

　運営しているのは、故・市橋正晴氏が創業した株式会社大活字。弱視者であった市橋氏は、昭和45（1970）年に、都立日比谷図書館に対面朗読サービス等の門戸開放要求を行った視覚障害者読書権保障協議会（132ページ参照）の事務局を務めた。

〒101-0051
東京都千代田区神田神保町1-3 冨山房ビル6階
TEL 03-3259-2200　FAX 03-5282-4362
E-Mail　dream@daikatsuji.co.jp

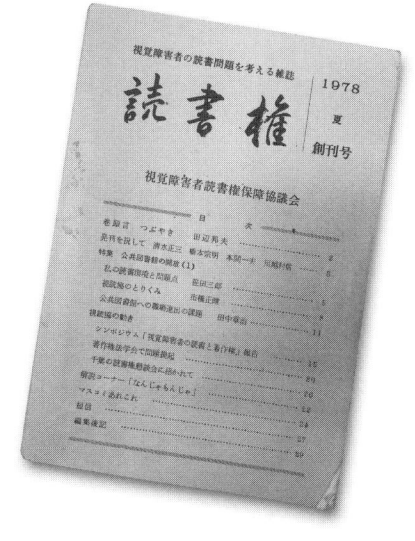

（132・135ページ参照）

あとがき

　　　　　　社会福祉法人　日本盲人社会福祉施設協議会
　　　　　　　　　　　　　　常務理事　高橋 秀夫

　読み書き情報支援サービスの対象者は、広義にはすべての読み書きが困難な状況にある人です。特に視覚障害者、発達障害者、知的障害者、聴覚障害者等の障害者、および身体的機能が低下している高齢者です。サービスの目的は、日常の生活情報の摂取に支障を持つ人のために、公的に代読や代筆などの文字情報支援を行うものです。

　このサービスは特定非営利活動法人大活字文化普及協会内の専門委員会「読書権保障協議会」がすでに各地で講習会を行い、厚生労働省に読み書き（代読・代筆）情報支援サービス事業として、情報支援員の派遣を各自治体で実施できる体制づくりを要請していました。その結果、平成25年度からはこの「障害者等に対する意思疎通支援事業」に、「代読・代筆の支援員派遣、設置」も対象となるということを明確にさせることができました。

　現況は「支援員の派遣」要請については、都道府県、あるいは市町村の任意事業となっているため、各自治体の予算の中で実施が検討されていくことになりました。そこで日本盲人社会福祉施設協議会では、「文字の読み書きに困難のある高齢者や障害者の読書や読み書きをする権利を保障する仕組みを作っていくことは社会全体の責務だ」とする読書権保障協議会と連携しながら、この制度の読み書き（代読・代筆）

情報支援員の養成に努めるべく「高齢者と障害者のための読み書き支援」テキストを刊行しました。

このテキストは、プライバシーの保護に対する認識や代読・代筆できる対象物の範囲、表やグラフの読み方の順番など支援員としての一定の技能が習得できます。例えば、代読は「アナウンサーではないのだから、うまく話す必要はありません」と言われても、相手に理解・納得できる読み方を教えてほしいとよく言われます。こうした要望にお応えするために、本テキストは各執筆者の経験のもとに「読み書き支援」のための最低限の知識と効果的な支援方法を目標に執筆しました。支援員となるべき対象者として視覚障害者情報提供施設の職員・ボランティア、医療・金融・医療機関の社員、行政機関の職員等です。ぜひ、講習会終了後に支援員として活躍していただくよう切望します。活動をしていくなかで疑問を持った時や迷った時、あるいは問題意識を高めたい時に何度も再度テキストを読み返して、検討してみることをお薦めいたします。

　本書の発行に対し、多額の助成を賜りました東京都民共済生活協同組合様に深甚なる感謝を申し上げます。

■ 執筆者紹介　　（五十音順。【　】内は執筆項目）

■ 岩井　和彦（いわい　かずひこ）【資-1】
堺市立健康福祉プラザ視覚・聴覚障害者センター所長、社会福祉法人日本盲人社会福祉施設協議会情報サービス部会運営委員。
1949年奈良県生まれ。大阪府立盲学校（現・大阪府立視覚支援学校）卒業。同志社大学文学部入学。大阪府立盲学校高等部・社会科講師、奈良県視覚障害者福祉センターを経て、2011年9月まで社会福祉法人日本ライトハウス常務理事。元NPO法人全国視覚障害者情報提供施設協会理事長。
著書に『視覚障害あるがままに　Let it be ～夢は、情報バリアフリー～』(文理閣)、『高齢者と障害者のための読み書き＜代読・代筆＞情報支援員入門』（共著／読書権保障協議会編／小学館）。

■ 岡田　弥（おかだ　あまね）【資-3】
日本ライトハウス情報文化センターサービス部長。
1964年生まれ。京都大学文学部で心理学、視覚障害児の空間認知発達をテーマに研究。京大点訳サークルに所属。1992年社会福祉法人日本ライトハウス入職。視覚障害リハビリテーションセンターにて、点字やパソコンの指導を中心に生活訓練を担当。2001年同法人の情報文化センター西事業所に異動、サービス部で用具・機器の販売・サポートを中心に担当、現在に至る。
視覚障害リハビリテーション協会理事、視覚障害情報機器アクセスサポート協会役員、きんきビジョンサポート幹事、視覚障がい乳幼児研究会役員など。歩行訓練士、点字指導員。

■ 岡本　博美（おかもと　ひろみ）【4-4】
山口県盲人福祉協会点字図書館長。
1960年熊本県生まれ。山口県内初の養護盲老人ホーム設立準備事務担当後、1987年より同「春光苑」事務長。以降、1999年より現職。
社会福祉法人山口県盲人福祉協会理事、社会福祉法人日本盲人社会福祉施設協議会理事・情報サービス部会長、一般社団法人山口県視覚障害者団体連合会事務局長、NPO法人下関市視覚障害者福祉会常務理事、下関市保険鍼灸マッサージ師会事務局長。

■ 加藤　俊和（かとう　としかず）【1-1～2、2-1～5、3-1～3、4-2、4-6、資-4】
全国視覚障害者情報提供施設協会参与、サピエ事務局長。
1945年京都府生まれ。1961年よりボランティアとして活動。1968年京都工芸繊維大学卒業後、立石電機研究所勤務。1980年日本ライトハウス情報・リハ所長等歴任後、2003年京都ライトハウス情報ステーション所長。2010年退職。2011年、東日本大震災の対策本部事務局長として視覚障害者支援に当たる。
著書に『高齢者と障害者のための読み書き＜代読・代筆＞情報支援員入門』（共著／読書権保障協議会編／小学館）ほか。

■田中　章治（たなか　しょうじ）【4-5】
特定非営利活動法人大活字文化普及協会・読書権保障協議会委員長、一般社団法人全日本視覚障害者協議会代表理事。
1945年石川県生まれ。1974年4月から2009年3月まで東京都立中央図書館勤務（視覚障害者サービス担当）。
著書に『障害者サービス入門』、『図書館員選書⑫障害者サービス』（いずれも共著・日本図書館協会発行）、『高齢者と障害者のための読み書き＜代読・代筆＞情報支援員入門』（共著／読書権保障協議会編／小学館）。

■中川　幸士（なかがわ　こうじ）【4-3】
愛媛県視聴覚福祉センター視覚障害係長、愛媛大学および松山大学非常勤講師。
1963年愛媛県生まれ。松山商科大学（現松山大学）卒業後、愛媛県社会福祉事業団に就職、社会福祉士、厚生労働省認定視覚障害者歩行指導者、公認日本障害者スポーツ中級指導員の資格を有し、視覚障害者福祉を専門とする。
警察庁「バリアフリー社会における横断歩行者の安全確保に関する調査研究委員会」委員。視覚障害者道路横断帯エスコートゾーンの開発に携わる。

■藤野　朋子（ふじの　ともこ）【3-4】
行政書士、宅地建物取引主任者、ファイナンシャルプランナー。
1974年生まれ。理学部応用化学科を卒業後、製薬会社入社。在職中に行政書士取得し、独立。主に、任意後見、遺言、相続等、人生のエンディングに係る実務を取り扱う。
2007年、疾病により視覚障害に陥る。以後、弱視。
2012年よりNPO法人大活字文化普及協会における読み書き情報支援活動に参与。

■前田　章夫（まえだ　あきお）【1-3、資-2】
日本図書館協会理事、日本図書館研究会事務局長。
1949年大阪府生まれ。日本図書館協会理事・障害者サービス委員会（関西）委員長、大阪府立中央図書館司書部長を経て現職。
著書に『高齢者と障害者のための読み書き＜代読・代筆＞情報支援員入門』（共著／読書権保障協議会編／小学館）。

■山内　薫（やまうち　かおる）【3-5、4-1】
墨田区立ひきふね図書館勤務、日本図書館協会図書館雑誌編集委員。
1949年東京都生まれ。1969年より墨田区立あずま図書館にて障害者サービスだけではなく、児童サービス等あらゆる図書館サービスの向上に努める。寺島図書館、緑図書館、再びあずま図書館を経て現職。
著書に『あなたにもできる拡大写本入門』（大活字）、『本と人をつなぐ図書館員－障害のある人、赤ちゃんから高齢者まで』（読書工房）。共著に『障害者と図書館』（ぶどう社）、『高齢者と障害者のための読み書き＜代読・代筆＞情報支援員入門』（読書権保障協議会編／小学館）。

■索引 ＜太字は主要項目、（ ）は関連項目＞

あ		
	アクセント	**38**
	医療機関（病院）	29、100、**102**、**116**、**117**、121、155
	イントネーション	**38**
	押印（捺印）	54、56、59、**62**〜**65**、114、120、123、151、157
	音声ソフト	**147**、(148)
	音声読書器	**143**
	音声時計	26、42、43
	音訳	12、19、28、30、34、**37**〜**39**、46、49、86、91、92、105、156

か		
	介護（支援、施設）	29、31、33、46、51、90、**104**〜**111**
	外国人	**25**、33
	ガイドヘルパー	29、88、**94**〜**105**、112、113、118
	ガイドライン（著作権）	(86)、**137**、138、139
	学習障害	18、(84)、133、138
	拡大（写本）	55、58、70、71、**73**〜**77**、79、87、108、114、139
	拡大（読書器）	42、43、117、120、**142**、143、148
	カリキュラム（研修）	**124**
	眼前指数・手動	**12**
	記憶	(17)、(25)、(48)、50
	帰国子女	**25**
	行政書士	(56)、(59)、66、100
	矯正視力	12、**13**、14
	行政窓口	**112**〜114、126
	協力者	32、86、126
	銀行等（金融機関）	29、(100)、**118**〜(120)、**122**、123、126、**127**、155
	傾聴	31、51、125
	研修（読み書き）	105、123、**124**〜127、152、(156)、(163)
	講演（会場支援）	96、99、(115)
	光覚	**12**
	（公共）図書館	12、28、32〜(35)、78、**84**〜**89**、111、125、130〜135、137〜140、156、163、164
	高次脳機能障害	10
	行動支援	**95**、(118)
	公民館	33、34
	高齢者	**11**、24、**25**、32、34〜38、55、58、70、73、85〜87、104、123、124、126、133、156
	心のケア	17、36、51

	個人情報	36、37、**66**〜(69)、(74)、100、106、109、156
	言葉づかい	**38**
	コミュニケーション	32、34、88、98、105、107、109、118、162、164、165
さ	在宅支援	29、33、(34)、(46)、51、86、(90)〜(93)、125、(162)
	サイン	(56)、(59)、**62**〜65、100、(114)、116、117、120、121、(123)、(151)、(156)
	サインガイド	64、**65**、100、114、116、120、121、123
	サピエ	12、133、**146**
	視覚障害(者)	10、**12**〜17、65、86、87、90〜(123)、124、130〜141、146、150〜165
	識字(障害、率)	19、**84**、85
	時刻表	70
	自署	54、56、62〜(65)、(100)、(114)、(120)(152)、(156)
	施設(福祉施設)	34、104、106、110、111、137
	肢体障害	(10)、(23)、138
	下敷き(ワク線)	**75**〜77
	実態調査(障害者)	**12**、44、45
	視読協	**132**、133、135、167
	私文書	(28)、(48)、(55)、**87**、(106)、(140)、(151)、(156)、(162)
	司法書士・弁護士	54、56、59、62、100
	社会福祉協議会	34、91
	弱視(者)	13、**14**、16、55、58、73〜76、112、117、118
	視野障害	(13)、**14**、(55)、(76)、(118)
	就学(猶予、免除)	24、84
	周辺視野欠損	**14**、55、73、(76)
	羞明(しゅうめい)	**15**
	守秘義務	60、**66**〜69、106、(119)、155〜157、160
	巡回図書館	33
	順応(明暗)	15
	障害者権利条約	134、136、137
	障害受容	36
	上肢障害(肢体)	10、(23)、(138)
	情報選択	31、47〜50、(70)、124
	情報保障	(29)、46、91、(112)、(123)
	署名	54、56、59、**62**〜65、(100)、114、(116)、120、123、151、156

	職場介助者	57
	身体障害者手帳	**13**、100、158
	図・写真	30、39、(124)
	スキャナー (OCR)	**74**、78、143
	墨字	32、57、79、82、86、87、151、154
	精神障害	10、138
	選挙・投票	108
	全視情協	**133**、146、156
	全盲	**12**、13、64、118
た	代筆依頼書	**60**、61、155
	対面手話	87
	対面朗読	11、12、28、30、32～34、39、46、48、86、87、125、132、150
	代理委任	56、119、(120)
	宅配	33、86、87
	知的障害	10、18、24、86～(89)、138
	中心視野欠損	**14**
	中途視覚障害者	16、17、26、31、35、36、(47)、50、118
	聴覚障害 (者)	10、**24**、34、82、86、87、122、134、138
	著作権 (法)	132、133、**136**～141
	デイジー（DAISY）	72、88、133、134、139、**144**～146、156、157
	ディスレクシア	10、18～22、29、33、35、125
	手紙 (郵便物)	28、29、33、48、49、54、**55**、85～87、106、151、156、157、162
	点字	39、70、**78**～82、85、99、107、108、114、130、131、133、136、138、144、151、152、154
	点字 (ディスプレイ、出力)	78、79、144
	点字図書館	11、26、**28**、32、36、91、99、105、111、**130**、131、134、136～(141)、150～(157)
	点訳	12、28、49、70、71、**78**、(79)、87、105、107、130、131、133、157
	同意書 (医療)	**116**、117、121、155
	同行援護	29、90、**94**～103、104、105、110、113、(118)、125、150
	読字障害	19
	読書権	130、**132**～135、167
	読書指導 (員)	88、89
	読書障害 (困難)	18、132
	図書館→公共図書館	

な	内部障害	10、44、45、138
	難読症	19
	ニーズ	31、35、**36**、46、47、49、(88)、92、93、105、125、127、134
	日常生活用具	26、42、43、50
	日盲委	26、108、**130**、131
	日盲社協	108、130、131
	認知障害	88
は	発声	33、**37**、124
	発達障害	10、124、138
	病院→医療機関	
	福祉(制度)	**29**、32
	福祉サービス	(29)、33、(125)
	福祉施設→施設	
	複製(製作)	(28)、(130)、(131)、**136**〜139、141
	方言	**38**
	ホームヘルパー	**29**、34、90、151
	ボランティア	12、32、34、55、86、**91**〜93、105、116、126、137、138、140、150〜152、157〜159、161〜164
ま	窓口(行政、医療、金融)	(29)、100、**112**〜(123)、126、127
	見えない人	**12**、16〜18
	見えにくい人	12、**14**、18、114
	メモ(書き方)	55、**70**、71、73、75、78
	盲ろう者	118
	文字(情報)	19、24、30、85、95、97、124
や	役所(窓口)	29、49、106、**112**〜115、126
	夜盲	**15**
ら	レイアウト	55、57、58、**60**
	ロービジョン	**14**、55、58
	録音(メモ)	30、39、50、70、**72**
わ	ワープロ(利用、書き)	57、(60)、62、70、71、74

編集委員会

委員長　高橋　秀夫（視覚障害者生活情報センターぎふ）

委員　　岩井　和彦（堺市立健康福祉プラザ視覚・聴覚障害者センター）
　　　　中川　幸士（愛媛県視聴覚福祉センター）
　　　　加藤　俊和（全国視覚障害者情報提供施設協会）
　　　　前田　章夫（日本図書館協会）
　　　　岡本　博美（山口県盲人福祉協会点字図書館）

イラスト／やまね　あつし
装丁・レイアウト／大活字文化普及協会
編集／苅谷　昌利（小学館）

高齢者と障害者のための読み書き支援
～「見る資料」が利用できない人への代読・代筆～

2014年2月1日　初版第1刷発行

社会福祉法人　日本盲人社会福祉施設協議会　情報サービス部会／編
発行人　柏原　順太
発行所　株式会社小学館
　　　　〒101-8001　東京都千代田区一ツ橋2-3-1
　　　　電話　編集：03-3230-5631　販売：03-5281-3555
印刷所　大日本印刷株式会社
製本所　株式会社若林製本工場
© 社会福祉法人　日本盲人社会福祉施設協議会　情報サービス部会　2014
Printed in Japan　ISBN978-4-09-310821-8

＊造本には十分注意しておりますが、印刷、製本など製造上の不備がございましたら「制作局コールセンター」（フリーダイヤル 0120-336-340）にご連絡ください。（電話受付は、土・日・祝休日を除く　9:30 ～ 17:30）
＊®＜公益社団法人日本複製権センター委託出版物＞本書を無断で複写（コピー）することは、著作権法上の例外を除き、禁じられています。本書をコピーされる場合は、事前に公益社団法人日本複製権センター（JRRC）の許諾を受けてください。JRRC<http：//www.jrrc.or.jp　e-mail：jrrc_info＠jrrc.or.jp　電話 03-3401-2382>
＊本書の電子データ化等の無断複製は著作権法上での例外を除き禁じられています。代行業者等の第三者による本書の電子的複製も認められておりません。
＊本書の出版に際しては、財団法人・日本児童教育振興財団の助成をいただきました。